VADEMÉCUM
DIRECTIVO SZILÁGYI

Manual indispensable para
toda-persona-que-conduce-a-otra

ALEJANDRO SZILÁGYI

Título original: *Vademécum directivo Szilágyi*
Manual indispensable para toda-persona-que-conduce-a-otra

Primera edición: Noviembre 2024
© 2024 Editorial Kolima, Madrid
www.editorialkolima.com

Autor: Alejandro Szilágyi
Dirección editorial: Marta Prieto Asirón
Maquetación de cubierta: David Visea
Maquetación: Carolina Hernández Alarcón
Ilustraciones: @Shutterstock

ISBN: 978-84-10209-38-1
Depósito legal: M-24210-2024
Impreso en España

Dedicado a
Klaus Schaeffler,
mejor socio imposible.

ÍNDICE

PRÓLOGO. 7

INTRODUCCIÓN. 15

RAZÓN DE SER. 17
¿Y cuál es tu RdS?. 17
Por qué vs. para qué. 21

ESTRATEGIA. 25
La estrategia en la estrategia. 25
Improvisación estratégica. 29

CULTURA. 35
ADN corporativo: ¿Lujo o necesidad?. 35
Cultura corporativa. 39
Los «no-negociables». 42
El precio de la arrogancia corporativa. 46
Lealtad y tolerancia, dos valores relativos. 50
El éxito es peligroso. 52
La obediencia es un búmeran. 57
El humor como factor productivo. 60

DIRECCIÓN & LIDERAZGO. 65
Comité de Dirección: dos errores en los que mejor
no incurrir. 65
La materia blanda es la más dura. 68
Los términos coaching y «Kutsche» tienen las
mismas raíces. 71
El líder con olor a oveja. 74

GESTIÓN 79
Tres principios de la gestión alemana. 79
Puesta en práctica de los principios de gestión
alemana 84
Gestión vs. carpintería 87
Embustes directivos 90

PRODUCTIVIDAD. 101
El ego, ese extraordinario roedor 101
Ojo con los «cloches» 107
Diagnóstico: «reunionitis». 111

PERSONAS. 115
La selección es vital. 115
No retenga 121
Motive sin motivar 125
Equilibrio vida-vida 128

ACTITUD & DESTREZAS 133
«Re-silenciémonos» 133
Ver donde otros no ven. 137
Víctima o aprendiz 141

PROBLEMAS & CREATIVIDAD. 147
Solo controlamos la causa 147
Cuál es tu próximo cromosoma. 150
El poder de las creencias 153
Tú también eres creativo 156
Genialidad del «Y» vs. la tiranía del «O» 159
Consíguete tu Walter 163
Funda tu propio CEM 165

AGRADECIMIENTOS 169

PRÓLOGO

Alejandro Szilágyi es un profesional brillante, valiente, amable y experimentado. Estos calificativos laudatorios le definen adecuadamente, pero podría añadir muchos otros. Nos conocimos en Barcelona (España) en los albores del siglo XXI. Por diversas vías fuimos convocados para asesorar a la Alta Dirección de la Caixa. Recuerdo con gusto las conversaciones que mantuvimos gracias a Carlos Sánchez, por entonces uno de los máximos responsables del departamento de RRHH de esa entidad financiera española. Cuando hace algunas semanas Carlos volvió a ponernos en contacto mucho me alegré. El cordial convite de Alejandro para que prologase su nuevo libro lo asumí de inmediato. Varios motivos convergían: mi aprecio por él, la intervención de Carlos y también la situación del martirizado país desde el que Alejandro desarrolla su destacable labor de asesoramiento como mentor de alta, dirección y familias. Acopio desde hace años grandes amigos en esa república caribeña, que he visitado en sucesivas ocasiones para impartir conferencias, y conozco las dificultades a las que debe enfrentarse un perito cada amanecer.

El primer capítulo sobre la Razón de Ser-RdS resulta un magnífico pórtico para la obra. Como bien explica Alejandro, cuando una persona pone su foco en su RdS la tarea se torna más efectiva y su ilusión se multiplica.

En mis casi cuarenta años de actividad profesional he tratado −al igual que Alejandro− con cientos de directivos en los cuatro continentes a los que mi oficio de formador y asesor de alta gerencia me ha llevado y me sigue trasladando. Una aplastante mayoría se esfuerza por alcanzar objetivos a la vez que respeta a sus colaboradores. También, al igual que el autor del libro que estoy prologando, he tenido oportunidades puntuales de tropezar con sujetos con claros sesgos psicopáticos. Aludo a uno de esos gañanes, porque el ejemplo mencionado por Alejandro en su primer capítulo me lo ha hecho presente. Aquel personaje, similar al Ramón W. mencionado por Szilágyi, fue musa para mi estudio *Patologías organizativas*.

Conocí aquel paradigma de lamentable directivo y peor persona durante el periodo que colaboré con una universidad privada madrileña hace casi tres décadas, en paralelo precisamente al trabajo que desarrollé como consejero intelectual de Isidro Fainé.

Mi conspicuo espécimen –¡tan parecido al citado por Alejandro!– aseguraba, entre gansadas misceláneas, que había inventado Internet, no sin antes aseverar que nada en el entorno de la energía eólica, eléctrica o nuclear en Europa se movía sin su consentimiento. Lo peor es que aquellas falacias no cruzaban velozmente por su trastornada mente, sino que habían echado raíces y llegó a considerarse un Napoleón de la economía de la empresa. Como en la fábula del rey desnudo, solo él y su caterva de catetos se regodeaban en sus chuscas fantasmagorías. Por decirlo en breve, era un tonto solemne.

Por aquellos días, la editorial Ariel me encargó un libro sobre el estado del arte de la dirección estratégica. Propuse a un catedrático de la Universidad Autónoma de Madrid que colaborara conmigo en la coordinación de la obra. En una reunión con la flor y nata de los próceres de la materia, al enumerar a los potenciales coautores del libro, catedráticos del área, y mencionar el comediante al que me he referido, varios refrendaron al unísono: «Ese no tiene nada que decir».

Certifiqué que todos estaban al cabo de la calle. Solo quienes dependían de aquel cómico impropiamente encumbrado seguían poniendo cara de asombro ante la retahíla de soserías que articulaba. El estupendo libro coral, gracias también a la ausencia de aquel nesciente, apareció, por cierto, en septiembre de 2002. Durante años pensé que nunca volvería a conocer a un homínido semejante. Sin embargo, la capacidad de asombro puede ser siempre superada. Lo ha logrado Alejandro al hablar de Ramón W., de quien sus colaboradores afirman que el departamento por él dirigido funcionaría mejor si él no estuviera. ¡Cuántos directivos superfluos! ¡Cuántos políticos bufones a ambos lados del charco!

Si bien es cierto que incluso el mejor de los profesionales en alguna ocasión se ve obligado a matizar la verdad, el aprieto se exacerba cuando alguien no distingue entre realidad e invención. Vivir de la farsa constituye el arte específico del mediocre y el búnker de los viles.

La doblez no puede mantenerse durante un tiempo prolongado. El engaño funciona en espacios acostados de tiempo y espacio. Se emplea con propósitos espurios y procede del padre de las obcecaciones. Como señaló Emerson, «toda violación de la verdad, no es solamente una especie de suicidio del embustero, sino una puñalada en la salud de la sociedad humana».

No existe en el planeta un fulero tan selecto que sea capaz de tergiversar de manera impoluta. En el fondo, la quimera solo engaña a quien la fórmula. Cuando quien vive de las añagazas asciende en la jerarquía de una organización —¡qué decir cuando de un país se trata!—, los perjuicios se multiplican. La huera candidez de los patrañeros los lleva a considerar que son creídos. ¡No es así salvo en puntuales circunstancias o únicamente por los más romos! Sobre esto he tratado en dos artículos complementarios en relación al chófer loco.

Quienes siguen coreando ditirambos del zumbón lo hacen por bufo candor o por interés, pues saben que cuando aquel patético histrión se despeñe ellos se derrumbarán al unísono. Así lo he explicado en ocasiones a quienes juzgan incomprensible que un cercano mendaz malsano, valga la redundancia, haya llegado al pináculo de su patria y personas presuntamente inteligentes sigan bailándole el agua. Quien inició su carrera plagiando se habitúa al fingimiento, porque solo nuevas falacias podrán ocultar la primigenia. El hábito de la simulación –parafraseo a– arranca con un desasosiego y concluye en incapacidad mental, en forma de chifladura.

Quizá no haya nada que envilezca tanto a una criatura humana como la mentira. Es un vicio ruin, abominable, antiestético, propio de siervos, de infames, de miserables... Empeora cuando el indigno bolero mezcla en su plática algún dato verdadero, pues acrecienta la dificultad para desbrozar sus perfidias.

Esto y mucho más es lo que me ha sugerido el provocador primer capítulo del libro de Alejandro.

Por qué es una excelente pregunta para conocer razones, perpetúa el autor, pero si lo que buscamos son resultados, hay que centrarse en el para qué. Bien lo sabe Alejandro, que nos confiesa, siguiendo la senda de las confesiones de san Agustín, verdades que nos ayudan a entenderle: «Financié mis estudios en Nuremberg, Alemania, con una serie de trabajos: pintor de brocha gorda, chófer de medicamentos urgentes, cargador de paquetes en el servicio postal interurbano, mesonero, maestro de Matemáticas e idiomas, dibujante técnico, subgerente de administración en un hotel de 1.000 plazas, afilador de las cuchillas de patines sobre hielo, entre otros. Y aunque me veía obligado a hacerlo para sobrevivir (no tuve beca y mi familia pasaba por una situación financiera precaria), siempre vi el trabajo como parte de mi vida y por tanto como un ingrediente valioso para mi crecimiento personal y profesional. Como simple empleado siempre me pregunté: 'Si esta empresa fuese mía, ¿qué cambios haría para que la empresa fuese más productiva y más rentable?'. Fueron tiempos de enormes aprendizajes, conociendo múltiples empresas por dentro. Pequeñas, medianas y multinacionales, públicas y privadas. Posiblemente a estas experiencias es a las que les debo, entre otros, el que con 27 años ya me nombrasen CEO de una organización alemana, capítulo Venezuela. Contaba –concluye– con un vasto kilometraje».

Solo con experiencias paredañas puede llegarse a ser consultor-mentor de Alta Dirección para socios y dueños de empresa, acumular treinta y cinco años de consultoría independiente, haber creado nueve metodologías, diseñado más de veinte programas de formación gerencial y de liderazgo, haber escrito cinco libros y haber contado con clientes de primer orden mundial

El texto que estoy prologando está concebido como un vademécum de consulta especialmente para «toda-persona-que-conduce-a-otra». No se trata de un recetario, ni de un libro teórico, sino un manual de consulta que proporciona discernimiento y sabiduría sobre tópicos gerenciales. Son páginas para ponernos a pensar con un enfoque estratégico-práctico para que cada uno lo aplique dependiendo de sus circunstancias específicas.

El objetivo del autor no es compartir teorías bien sonantes. Desea poner a pensar al lector para que saque conclusiones y, a través de ellas, llegue a mejores decisiones para incrementar sus resultados. Representa sabiduría práctica acumulada a lo largo de décadas acerca de temas estratégicos y sobre el comportamiento humano.

Se multiplican los consejos eminentemente prácticos. Entre los ejercicios a nivel estratégico sugiere hacer un listado de posibles preguntas, tales como:

- ¿Qué leyes nuevas van a inventar?
- ¿Qué leyes es imposible que inventen, pero que de todas formas las van a inventar?
- ¿Cómo las van a disfrazar? ¿cómo nos las venden?
- ¿Cuál es la intención real detrás de ellas?
- ¿En qué nos pueden afectar si se ejecutan al pie de la letra?
- ¿Qué posibles arbitrariedades se vuelven legales?
- ¿A quién le interesaría dañarnos para así ganar puntos con el que realmente ostenta el poder?

De rabiosa actualidad son las aportaciones de Alejandro sobre la cultura empresarial, ese «cúmulo de costumbres, actitudes y comportamientos en que se manifiesta un colectivo, en este caso los integrantes de una organización».

La cultura corporativa, como bien detalla, se refleja en todo: desde la imagen corporativa, la limpieza, los baños, el tono de los emails, hasta el trato con proveedores. Parte de la cultura es cómo nos saludamos, cómo abordamos las ideas, cómo nos tratamos, si dirigimos a través del miedo, si domina la jerarquía, si devolvemos llamadas, si buscamos soluciones, cómo abordamos el día a día.

De gran finura es su aproximación a la Arrogancia Corporativa, (AC), esa sobredosis de autoestima de algunas organizaciones y sus integrantes que los hace sentirse superiores, basadas —¡o no!— en su éxito, tamaño o marca.

Los más propensos a contraer AC son las empresas grandes, conocidas y globalizadas. Si, además, la empresa es número uno en su sector, la sobredosis se potencia. La AC es peligrosa, sobre todo si no se es consciente de ella. Tiene efectos que pueden mermar sustancialmente la rentabilidad y hasta destruir la institución.

Un líder, asevera Alejandro, debe incorporar la humildad. La balanza de las decisiones no se debe inclinar por el peso jerárquico, sino por los argumentos en pro de la productividad y rentabilidad de la empresa y de su equipo humano.

Entre las manifestaciones de esa virtud se cuenta la cercanía emocional. «Me intereso por ti, te escucho, te entiendo y soy capaz de sentir lo que sientes», abrevia el autor. «Frente a esto, el ego, 'yo' en latín, es un falso-yo. Es el cascarón que le montamos a nuestra verdadera identidad para vendernos mejor. Es cómo deseamos ser vistos. El ego suele crecer y manifestarse para compensar el déficit de autoestima, así como tapar los miedos a los que no deseamos enfrentarnos. El ego es un mecanismo de protección para los que no han descubierto su verdadera esencia».

Frente al ego, una buena terapia es la escucha atenta:

- ¿Qué me dice el cliente acerca de su problema?
- ¿Cuál es el problema real?
- ¿Cuál es su raíz? ¿A qué se debe el problema?
- ¿Estoy viendo el efecto o también veo la causa?
- ¿Por qué me llaman a mí, si ellos conocen mejor su empresa que yo?
- ¿Qué puedo ver que ellos no ven?
- ¿Será que hay cosas que ellos no quieren ver?
- ¿Será que están demasiado involucrados emocionalmente?

Por eso Alejandro recomienda fundar el propio CEM, un Círculo de Enriquecimiento Mutuo.

No desvelo más joyas de estas páginas que con sumo agrado he introducido, tanto por sus contenidos de fondo como por su planteamiento formal. Gracias, Alejandro por la invitación para prologar tu atractivísimo texto, que sin duda, ayudará a innumerables personas, tanto en Venezuela como en otros países.

Javier Fernández Aguado
Socio Director de MindValue
Único español que ha recibido
el premio Peter Drucker a la Innovación en Management.
Doctor en Economía y doctor en Filosofía
con 60 libros publicados

INTRODUCCIÓN

El término *vademécum* viene del latín *vade* (ven) y *mecum* (conmigo). Según la Real Academia de la Lengua Española, un vademécum es un libro o manual de poco volumen y fácil de consultar que contiene las nociones elementales de una ciencia o técnica. Es decir, un «ven-comigo-para-que-te-pueda-consultar-en-cualquier-momento-cuando -lo-requiera».

El presente libro está concebido como un vademécum de consulta, especialmente para «toda-persona-que-conduce-a-otra». Es un libro de *management*.

No es un recetario, ni un libro teórico, sino un manual de consulta cuyo propósito es proporcionarnos discernimiento y sabiduría sobre diferentes tópicos directivos. Es por eso que toca varios niveles de pensamiento: desde lo estratégico hasta lo actitudinal-motivacional, pasando por la cultura corporativa, los valores y el liderazgo.

El objetivo del autor no es compartir teorías bien sonantes, y mucho menos aspirar a tener razón. Por el contrario, desea ponernos a pensar para que saquemos nuestras propias conclusiones y a través de ellas incrementemos nuestro éxito en el país y sector donde nuestro emprendimiento y empresa se encuentren.

Este vademécum no se propone decirle a nadie lo que tiene que hacer; tampoco es un manual de instrucciones tipo «los siete pasos para...». Representa todo un arsenal de sabiduría práctica acumulada a lo largo de tres décadas y media acerca de temas estratégicos y concernientes al comportamiento humano en las empresas.

La mayoría de los libros de *management* son escritos en países del Primer Mundo. Este vademécum brinda conceptos y herramientas universales que no son definidos por ningún país en particular, ni sector específico. Son del mismo modo aplicables a *start-ups*, emprendimientos, empresas pequeñas, medianas y grandes, familiares, así como al sector público y a fundaciones sin fines de lucro (pero sin fines de pérdida).

Su consulta es facilitada por la secuencia lógica de su índice de contenidos, que va desde lo estratégico, pasando por la alta dirección y el liderazgo, hasta lo individual y actitudinal. La idea es que «toda-persona-que-conduce-a-otra» que se tope con un desafío tenga donde y como impregnarse de sabiduría probada y adecuarla a su caso específico con éxito, como si tuviera una sesión de mentoría directa con el autor.

Los que me conocen personalmente, al leer el vademécum tendrán la viva sensación de que les estoy hablando junto a un buen café. Por supuesto, invito yo.

Disfrútalo y espero que te sea muy útil. Tu éxito es mi éxito.

Honrado por consultarme y leerme.

Alejandro Szilágyi

P.D. Por favor, no me creas y saca tus propias conclusiones.

RAZÓN DE SER

¿Y CUÁL ES TU RdS?

D on Ramón W. ocupa una oficina en el ático del edificio corporativo. Como director y vicepresidente tiene derecho a chófer y dos asistentes.

La bien elaborada descripción del cargo del director Ramón W. incluye asignación de presupuesto (gastos de representación incluidos), participación en 7 comités y, de promedio, 12 reuniones semanales. Le reportan directamente 9 gerentes y tiene además funciones regionales. El director Ramón W. es una persona importante en la empresa y la gente así lo trata. Hasta aquí todo parece normal. *Business as usual*. Síntomas y hechos de una empresa exitosa.

Sin embargo, al hacer una encuesta interna y preguntar «¿qué pasaría en la empresa si el director Ramón W. no existiera?», la respuesta unánime que recibimos fue: «La empresa funcionaría mucho mejor».

Este no es un caso aislado.

Conclusión: el director Ramón W. tiene todo lo que en la alta gestión estamos acostumbrados a tener, pero lo que no tiene es RdS[1] (razón de ser).

Pregúntese usted mismo, «¿qué pasaría en mi empresa si yo (o mi puesto) no existiera?». Si la respuesta es «nada», o que «el departamento funcionaría hasta mucho mejor», usted está en peligro porque no tiene RdS. Empiece a preocuparse seriamente.

La RdS no es la descripción de lo que tenemos que hacer, tampoco los objetivos a lograr. La RdS es la esencia de nuestra existencia, es el para-qué existimos. Sin una RdS clara, los procesos y objetivos mejor definidos pueden carecer de sentido.

¿De qué sirve un proceso certificado por ISO que se ejecuta a la perfección pero que es perfectamente inútil para la rentabilidad? Es decir, que no tiene RdS.

Los elementos clásicos de una empresa, visión, misión, valores, organigrama, procesos, productos y servicios, pueden estar perfectamente definidos, pero solo tendrán validez si aportan a la RdS de la empresa en un entorno competitivo.

El para-qué (RdS) es determinante para el qué (productos y servicios) y el cómo (procesos).

1   RdS es una metodología de gestión integral empresarial desarrollada por Alejandro Szilágyi. Por qué vs. para qué.

En un mundo cada vez más cambiante y complejo es imperativo enfocarnos en nuestra RdS pues de ahí deriva el resto.

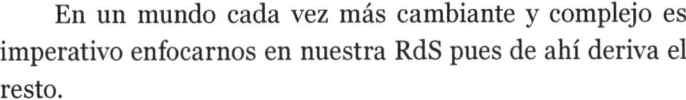

**La RdS es la esencia de nuestra existencia.
No es una descripción de lo que hacemos,
sino del para qué.**

Pregúntese:

* ¿Su empresa tiene clara su RdS?
* ¿Cada área tiene clara su RdS?
* ¿Cada empleado tiene clara su RdS?
* ¿Sus proveedores tienen clara la RdS de su empresa para alinearse con ella?

Cuando una empresa trabaja la RdS de cada área y cada persona, empieza a vibrar al unísono, el foco aumenta y la dispersión se reduce. Se incrementan la consciencia, el sentido y la autorresponsabilidad.

**Cuando trabajas desde lo que tienes que hacer
trabajas desde la obligación.
Cuando te enfocas en tu RdS
trabajas desde tu contribución.**

Dos ejemplos sencillos: si sirvo café, mi trabajo (el qué) es servir café, mientras que mi RdS es vincular emocionalmente a los visitantes con la empresa. El café es netamente instrumental. Lo importante (el foco) es la vinculación emocional positiva. De eso dependerá el cómo sirva el café.

Si mi trabajo es la contabilidad, mi obligación será el registro veraz de los movimientos numéricos en la empresa, pero mi RdS será proporcionar datos confiables para la toma de decisiones a todos los niveles de la empresa. Es una pequeña diferencia, pero importantísima.

....

Recuerda hacerte esta pregunta:
¿qué pasaría si yo o mi cargo no existieran?
Si no pasa nada es que no tienes RdS.

....

Es mucho más efectivo enfocarse primero en la RdS y desde ahí derivar al qué y cómo lo hago. Una empresa organizada en torno a la RdS es una empresa altamente alineada y motivada.

Desde la RdS es mucho más fácil la selección de personal, y sobre todo la evaluación del desempeño. Ya no se trata de supervisar comportamientos y procesos como prioridad, sino preguntarnos (dentro de los valores de la empresa): ¿cumplimos o no con nuestra RdS? Es otra dimensión. Lo que no está alineado con la RdS suele suponer un desperdicio y un desgaste innecesarios.

Cuando una persona pone el foco en su RdS (sentido y propósito) su trabajo se vuelve más efectivo y su motivación aumenta gracias a la consciencia de su contribución y aporte. Aumenta la autoestima profesional y se activan las motivaciones intrínsecas. Y todos sabemos que el motor interno es mucho más efectivo que el externo.

¿Sabes cuál es la RdS de tu empresa?
¿Y cuál es la tuya en la empresa?
¿Y en tu vida?

«Trabajar con sentido es trabajar consentido». #620 de *Reflexionamientos*[2] (ALESZI)

POR QUÉ VS. PARA QUÉ

¿Por qué? es la primera pregunta que aprendemos de niños. Nos fascina formularla a cada rato y desafiar a nuestros padres con ella. Y es la pregunta que más nos acompaña a lo largo de nuestra vida. «Mami, ¿por qué te salió una barriga tan grandota?». «Maestra, ¿por qué me castiga si él empezó primero?». «¿Por qué no aceptaste el nuevo cargo?». «¿Por qué te casaste con ella?». «¿Por qué te divorciaste?». La pregunta ¿por qué? nos acompaña desde niños en nuestro deseo de descubrir el mundo.

Sin embargo, para nuestra evolución hay una pregunta mucho más útil: ¿para qué? Sería diferente si preguntásemos:

«¿Para qué te quedaste con el cargo que tenías?». «¿Para qué te casaste con ella?». «¿Para qué te divorciaste?».

La pregunta ¿por qué? es explicativa y va dirigida al pasado, mientras que ¿para qué? es una pregunta dirigida al futuro y que va en búsqueda de sentido.

2   *Reflexionamientos* es un libro de Alejandro Szilágyi sobre máximas de vida.

Y recuerda: todo lo que la mente enfoca gana en importancia. ¿Quieres enfocarte en la justificación o quieres enfocarte en el sentido? En el ámbito laboral pregúntale a alguien: ¿por qué lo haces así? Y no tardará en darte las mejores explicaciones posibles. Con ello justificará su actitud, pero poco aportará a la solución, y menos a la evolución. Solo el para qué lo hará.

La pregunta ¿por qué?
evoca pasado, explicación y justificación.
La pregunta ¿para qué?
nos conecta con el sentido.

Haz la prueba, pregúntale a la misma persona, ¿para qué lo haces así?, y apuesto a que la respuesta tardará más tiempo en salir de su cerebro y no será tan contundente. La pregunta ¿para qué? todavía no forma parte de nuestro pensamiento cotidiano.

¿Por qué? es una excelente pregunta para conocer razones, pero si lo que buscamos son resultados usa ¿para qué?

«¿Para qué quieres volverte a casar?».

«¿Para qué tengo que hacer esto si el trabajo se puede simplificar?».

Recientemente hicimos una revisión de procesos en una compañía aseguradora, en la que una póliza tardaba 22 días en ser emitida.

Después de un minucioso registro de cada uno de los pasos, nuestros expertos empezaron a preguntar: «¿Y esto, por qué lo hacéis así?...». «Es que siempre lo hemos hecho así». «Y esto, ¿por qué lo seguís haciendo así?...». Así nos lo enseñó el jefe...».

Acto seguido cambiamos la pregunta: «Y esto, ¿para qué lo hacéis así? ¿Qué queréis lograr con esto?...». Silencio por un buen tiempo. Otras respuestas frecuentes fueron: «No sabemos, pero nos lo exigen así». «Yo cuando entré me lo enseñaron así». «Así lo dice el manual».

Nuestra mente se acostumbra al por qué y está sumamente contenta si puede contestar, explicar y justificar. Eso le da seguridad. La lógica secuencial (justificación) le da tranquilidad. Recuerda, «tú puedes tener razones o puedes tener resultados». Elige.

¿Para qué necesitamos este sello? ¿Para qué tiene que pasar por las manos del jefe, si ya lo aprobó al principio? ¿Para qué sirve el trabajo que desempeñas? ¿Para qué, para qué, para qué? Esa es la pregunta que debemos tatuar en nuestra mente si deseamos dar sentido a lo que hacemos. El para qué nos ayuda a evolucionar. El por qué sigue justificando un sinfín de cosas que hacemos por costumbre y que en un mundo cambiante posiblemente ya estén caducas pero que como son explicables siguen teniendo justificación.

Es un pequeño cambio mental, pero que tiene enormes diferencias en cuanto a resultados.

Después de ponernos fastidiosos con el cliente preguntándole cientos de veces para qué, para qué, para qué, logramos reducir la emisión de una póliza de 22 a 3 días sin haber invertido en tecnología o *software*. Lo único que hicimos fue reordenar y ahorrar pasos que, según el por qué, estaban más que justificados.

Pregúntate por qué acabas de leer este artículo, y ¿para qué?

ESTRATEGIA

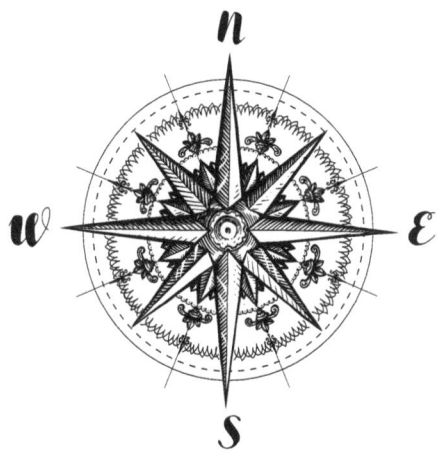

LA ESTRATEGIA EN LA ESTRATEGIA

Pocos temas han ocupado más cerebro intelectual que el de la estrategia. En este artículo deseo hacer referencia a las diferentes dimensiones de su abordaje (enfoque), no a las herramientas para su definición. ¿Qué es realmente una estrategia? Toda estrategia es la relación entre dos puntos: mi realidad vs. mi situación futura deseada. La estrategia responde a las preguntas del para qué (razón de ser, futuro) y del cómo (camino a recorrer). Es muy tentador abordar la planificación con ímpetu, subdividiendo el camino entre la realidad y el futuro en períodos de tiempo (años, semestres, trimestres y meses), adjudicándoles actividades y sus correspondientes indicadores (facturación, cuota de mercado, rentabilidad, etc.).

> Sin embargo, antes de entrar en esos detalles es muy provechoso hacernos varias preguntas, pues pocas cosas son más desgastantes que correr con entusiasmo planificado en la dirección equivocada.

Dedicaré más atención a esos aspectos.

Veo cuatro dimensiones estratégicas:

- D1: la RdS (razón de ser): el negocio en el negocio.
- D2: el cómo deseo recorrer el camino (estar y sentir).
- D3: los grandes brochazos que me propongo hacer para lograrlo.
- D4: el quehacer convertido en indicadores numéricos.

- **Dimensión 1:** mi RdS en el mercado. Es el «para qué» existo. Mi esencia, mi contribución. Es la propuesta de valor, que tiene que estar en armonía con una necesidad sentida por mis clientes. Y para ello la pregunta medular no es ¿qué tengo que hacer?, sino ¿cuál es el negocio en el negocio? La rentabilidad es el resultado de conectar con la voluntad del cliente de pagarnos más por un producto o servicio que lo que nos cuesta producirlo. Para ello debemos escudriñar cuál es el beneficio real sentido por él. No es el que podamos creer nosotros.

Harley Davidson estuvo a punto de la quiebra. El nuevo CEO que reflotó la compañía se preguntó: ¿en qué mercado estamos? ¿Cuál es el negocio en el negocio? ¿Las motocicletas? No. Estamos en el negocio de la nostalgia y su correspondiente estilo de vida. Allí empezaron a reordenar toda su estrategia, abrir tiendas para accesorios, chaquetas de cuero, etc., y a patentar hasta el ruido de sus motocicletas. Porque una cosa es lo que produzco o fabrico, y otra es para qué hago lo que hago. No el por qué, sino el para qué. Cuál es el beneficio percibido por mis clientes que les hace descartar otras alternativas a mi favor. De eso tratan las ventas desde una perspectiva estratégica: lograr que el cliente se decante a mi favor. No basta con que me compre. Para ello tengo que conectar con su necesidad sentida, siendo el aspecto emocional más importante que el racional.

• **Dimensión 2:** ¿dónde quiero estar y qué deseo sentir con mi negocio? Recordemos que la calidad de mi vida (personal y profesional) es directamente proporcional a la calidad de emociones que siento a diario. Como cofundador de mi consultora, desde un principio me pregunté: ¿qué deseo sentir? ¿Deseo tener un socio? ¿Deseo tener muchos empleados, o ser pequeño, ejecutar y disfrutar yo mismo de la consultoría? ¿Deseo proyectos grandes absorbentes, o proyectos puntuales de alto impacto que me permitan viajar y no me aten? En esta segunda dimensión el cómo se refiere al bien-transitar para lograr mis metas, pues eso es lo que nos mantendrá la motivación (energía) al nivel necesario de todo buen emprendimiento o empresa. ¿Con quién y cómo deseo colaborar para que ganemos todos y vayamos a mejor ritmo? En esta dimensión 2 se sientan las bases de nuestros valores, un clima y una cultura idóneos.

• **Dimensión 3:** en esta dimensión nos dedicaremos a definir acciones en base a la conocida matriz DAFO (debilidades, amenazas, fortalezas y oportunidades), así como otras herramientas afines que incluyan a la empresa y su entorno. ¿Qué voy a hacer primero, qué después? ¿Cuáles son mis factores cruciales de éxito? ¿Quiénes son mis *stakeholders*? etc.

- **Dimensión 4:** si a esas acciones les adjudicamos números en el tiempo obtendremos nuestra planificación estratégica numérica. Esta cuarta dimensión nos arrojará el clásico plan de negocios o *business plan.*

Importancia de las preguntas

Ya lo dijo el gran Albert Einstein: «Si tuviera una hora para resolver un problema y mi vida dependiera de ello, invertiría 55 minutos en formular las preguntas adecuadas, pues los 5 minutos restantes bastarían para dar con la respuesta correcta».

....

La calidad de nuestras respuestas es directamente proporcional a la calidad de las preguntas que nos atrevemos a formular.

....

¿Cuánto tiempo inviertes en estas preguntas?: ¿para qué existo (RdS)? ¿Cuál es el negocio en mi negocio? ¿Qué es lo que realmente vendo? ¿Qué necesidad sentida es por la que los clientes están dispuestos a pagarme? ¿Cuál es mi propuesta inequívoca y diferenciadora de valor para que mis clientes se decanten a mi favor? No empieces por los números; ellos son netamente una consecuencia. La mejor estrategia dentro de la estrategia es empezar con mejores preguntas, aunque creas que en un inicio ya te las planteaste y contestaste. Actualízalas. No olvides que la calidad de tus respuestas es directamente proporcional a la calidad de las preguntas que te atrevas a formular.

Subamos el nivel de nuestras preguntas. Hagamos de ello una constante.

IMPROVISACIÓN ESTRATÉGICA

Nuestro mundo es cada vez más complejo, competitivo y cambiante. La creatividad y la innovación dejan de ser un ejercicio esporádico. Deben ser una filosofía diaria de vida y un hábito de supervivencia. Es por eso que las ciencias empresariales requieren de una disciplina adicional: la Improvisación Estratégica. Con mayúsculas.

En Alemania, en cuanto a la planificación estratégica se refiere, el corto plazo es una dimensión de entre 1 y 3 años; el medio unos 5 años, y el largo plazo se orienta a los 10. En Japón la cosa va más allá: el corto plazo ronda los 3 años, el medio los 7 y el largo plazo se proyecta a los 15 años.

En los países del Primer Mundo el éxito va ligado al cumplimiento de los planes. En los países del Tercer Mundo (con reglas cambiantes), cumplir los planes a rajatabla puede ser mortal.

En algunos países de América Latina, 6 meses es prácticamente «ciencia ficción». La alta creatividad de nuestros Gobiernos de turno hace que el marco jurídico (y las correspondientes reglas de juego) cambie a cada rato.

¿Cómo planificar en estas condiciones?

¿Cómo de útil es atenerse a los planes preestablecidos cuando en el camino cambian constantemente las reglas de juego? ¿Cuál es la vigencia de esos planes tan finamente elaborados?

¿En qué debemos ser largoplacistas y en qué es mucho más útil ser cortoplacistas? ¿En qué aspectos debemos estar alerta y respetar, y en qué otros debemos practicar una flexibilidad total? Con esto no deseo decir que la planificación en nuestros países no sea útil. Para nada. Lo que sí deseo poner de manifiesto es que, a la par de la tradicional planificación y alineación estratégicas, debemos implantar la improvisación estratégica como disciplina a tomar en serio.

En un entorno cambiante el rígido no sobrevive.

No es fácil sobrevivir como empresarios en un entorno doblemente cambiante, con cambios en las tendencias mundiales y la necesidad de una alta creatividad del ejecutivo nacional. La planificación estratégica es importante, pero no basta. Debemos añadir algo que en realidad nos encanta: improvisar. Ahora bien, la improvisación estratégica no es cualquier tipo de improvisación o desorden, sino la capacidad de adaptarse a las circunstancias del corto plazo sin perder de vista el norte estratégico.

Para ello una excelente metáfora es un cardumen.

Un cardumen o banco de peces tiene una razón de ser estratégica clara: sobrevivir. Sus integrantes actúan de forma sincronizada con una flexibilidad y agilidad envidiables. Los integrantes de un cardumen no solo cambian de dirección a una velocidad casi indetectable, sino que lo hacen al unísono. Las veces que haga falta. Se ordenan y desordenan con la misma facilidad una y otra vez.

Después regresan a la posición original y siguen su norte compartido: sobrevivir y crecer. Tienen el objetivo siempre claro, aun en el más absoluto desorden, con lo cual su flexibilidad a corto plazo es parte de su estrategia a largo plazo.

La improvisación estratégica y la flexibilidad inteligente que esta conlleva deben ser parte integral de nuestra planificación estratégica. La improvisación forma parte del plan.

Planificación e improvisación estratégica deben ir de la mano. Son dos caras de una misma moneda.

Ahora bien, ¿qué pertenece al largo plazo y qué al corto o plazo inmediato?

Al largo plazo pertenecen, por ejemplo, la RdS (razón de ser), la visión, los valores, la alineación estratégica y los principios de funcionamiento. Al corto plazo, los aspectos de funcionamiento operativo que, cual carrera de obstáculos, el Gobierno va cambiando constantemente mientras nos enfocamos en tratar de ser productivos.

Al largo plazo pertenecen el «para qué», el «hacia dónde» y el «qué», mientras que al corto plazo lo hace principalmente el «cómo».

Este es el *kit* de destrezas básicas que propongo para una buena improvisación estratégica:

- Poder imaginarnos ampliamente posibles acciones legales e ilegales (vestidas de legalidad) que puedan afectarnos.
- Estar preparados para cualquier eventualidad.
- Poder reaccionar rápido.
- Cubrir requisitos a corto plazo para cumplir la estrategia de largo.
- Contar con buenos vínculos (embajadores) para hacer el *lobby* adecuado (pre y post).

- «Nadar haciendo el muerto» (es decir, tener un perfil bajo para no llamar la atención).
- Procurar un «blindaje legal» (es decir, cumplir, aunque no estemos de acuerdo).

En este sentido, como ejercicio estratégico sugiero:
- Hacer un listado de posibles preguntas (sin descartar ninguna), tales como:
  - ¿Qué leyes nuevas inventarán?
  - ¿Qué leyes es imposible que inventen pero que de todas formas inventarán?
  - ¿Cómo las van a disfrazar? ¿Cómo nos las venden?
  - ¿Cuál es la intención real que se oculta tras ellas?
  - ¿En qué nos pueden afectar si se ejecutan al pie de la letra? ¿Qué posibles arbitrariedades se vuelven legales?
  - ¿A quién le interesaría dañarnos para así ganar puntos con quien realmente ostenta el poder?

- Ordenar dichas preguntas (por temas, influenciabilidad e impacto).
- Definir los 4-5 FCE (factores críticos de éxito) para manejar el entorno.
- Hacer una matriz de riesgos asociados y ponderarlos.
- Asignar el porcentaje de energía que se desea dedicar a cada FCE (priorizar).
- Elaborar posibles respuestas o soluciones a los FCE.
- Definir responsabilidades claras: quién se encarga de qué.
- Preasignar recursos.
- Activar embajadores.
- Monitorear constantemente para anticipar.

La mejor improvisación
es la que se planifica y ensaya.

Para que no haya dudas: ambas son importantes. La planificación estratégica sin improvisación no es operativa, y la improvisación sin la guía de una planificación y visión más a largo plazo puede mantenernos ocupados, pero contribuye a que perdamos foco y nos dispersemos sin rumbo.

Recuerda: la improvisación en un entorno cambiante es una práctica que no se puede dejar al azar; debe ser integrada en el plan estratégico y tiene que ser preparada. La mejor improvisación es aquella para la cual nos preparamos. Hay que profesionalizar la improvisación como estrategia de supervivencia.

Lo paradójico es que tenemos que seguir haciendo buenos planes para que en un momento dado tengamos la sabiduría de no cumplirlos. Por eso la creatividad debe ser parte de nuestro ADN.

No confundas improvisación con chapuza. Debemos elevar la improvisación a un nivel profesional. Improvisar puede hacerlo cualquiera, mientras que dominar la improvisación estratégica es de maestros.

CULTURA

ADN CORPORATIVO: ¿LUJO O NECESIDAD?

N uestra información genética reside en nuestro ADN. Las empresas también tienen su propio ADN, pero pocas son conscientes de ello, y menos suelen darle la importancia que merece.

El ADN de las empresas es sin embargo crucial para su éxito. No es el único factor, pero sí el decisivo. El ADN corporativo define cómo tomamos nuestras decisiones, y, por ende, cómo abordamos el día a día. Es la parte invisible que más influye en la visible: la rentabilidad y los resultados.

El sistema de *software* más caro, el rediseño de procesos o la certificación ISO pueden caer en saco roto si el ADN de la empresa no es el adecuado.

El ADN lo integran, fundamentalmente:

- La RdS (razón de ser) de la empresa y sus áreas
- Los valores
- La visión-misión
- Los lineamientos o principios estratégicos (credo)
- La USP (*Unique Selling Proposition*)

- **RdS.** La RdS es la esencia de toda empresa. Es el para qué existe, no el por qué. No es lo que tiene que hacer o producir, sino el para qué hace lo que hace. Qué es lo que aporta a sus clientes y a la sociedad.

- **Valores.** Los valores son principios de comportamiento que rigen todas las actitudes y decisiones que toma la empresa. Deben cubrir aspectos prácticos, emocionales, éticos y evolutivos.

- **Visión.** La visión es la anticipación mental-emocional de un hecho futuro. Es como ver el final de la película por adelantado. Es bueno precisarla y compartirla. Una visión de futuro crea foco y orienta las energías.

- **Misión.** La misión es lo que voy a hacer y ofrecer al mercado para lograr mi visión. La promesa de valor que voy a ofrecer y cumplir.

- **Los lineamientos o principios estratégicos (credo).** Son aquellos principios que rigen mi empresa, independientemente del producto o servicio que esté produciendo. El mundo es cambiante, y así lo serán mis productos y servicios, pero no cambiarán mis principios. Una empresa que esté en diferentes sectores y países debe tener los mismos principios.

- **USP (*Unique Selling Proposition*).** ¿En qué me diferencio de mis competidores? ¿Cuál es mi propuesta de valor diferenciadora?

  El USP es una parte sustancial de mi valor agregado, es mi elemento diferenciador. Las empresas que no tienen USP terminan bajando los precios como única ventaja competitiva. Y eso es muy caro.

> **Sin una propuesta de valor diferenciadora tendré que bajar los precios para ser más atractivo. Es la forma de diferenciación más cara que hay.**

  ¿Cómo instaurar el ADN de forma sostenible? Tres pasos:
  - Definirlo
  - Permearlo a todos los niveles de la organización
  - Velar por que se cumpla (corregir desviaciones)

- **Definir el ADN.** Se debe convocar a las cabezas pensantes de la empresa. En empresas que no excedan de 20-25 personas, lo óptimo es hacerlo con todo el equipo. En empresas que superan esa cifra de empleados conviene convocar a los mejores cerebros que tengan criterio y un mundo emocional equilibrado. Que trabajen este tema de la mano de un consultor especializado y con una sensibilidad especial. No escatimen en costos, los recuperarán con creces.

- **Permear el ADN a todos los niveles.** No es tan difícil. Para ello hay dos trucos:

- Incluir los parámetros del ADN entre las características a chequear en la selección. Es decir, escoja gente que ya tenga de por sí un ADN muy similar al de su empresa. Es prioritario al currículum profesional.
- Incorporar el ADN como eje central de la inducción.

- **Velar por que se cumpla.** Formar a «toda-persona-que-conduce-a-otra» en su rol de preservar el ADN, así como corregir posibles desviaciones. Recuerda: «Yo promuevo lo que permito».

  Cuando una empresa define bien y vive su ADN corporativo, obtiene los siguientes beneficios:
  - Empleados más identificados, más comprometidos y motivados.
  - Clientes con una mayor atracción hacia sus productos y servicios.
  - Proveedores más satisfechos de poder atenderla brindando mejores condiciones.
  - Un talento ansioso de poder trabajar en la empresa.

Todos ganan.

¿Tu empresa tiene el ADN que desea?

Empieza por la RdS. Una vez la tengas clara, el resto será más fácil de definir.

CULTURA CORPORATIVA

Empecemos definiendo dos conceptos:
- Clima organizacional
- Cultura organizacional

- **Clima organizacional.** Tiene que ver con «cómo se siente» la gente. Es decir, toca aspectos principalmente emocionales.

- **Cultura organizacional.** Es el «cúmulo de costumbres, actitudes y comportamientos con que se manifiesta un colectivo. En este caso los integrantes de una organización». Tiene que ver más con el cómo abordamos las diferentes situaciones y cómo actuamos.

Hay una estrecha relación entre clima y cultura. Cada una influye en la otra: el clima influye en la cultura y la cultura en el clima.

La cultura corporativa se refleja en todo: desde la imagen corporativa a la limpieza, los baños, el tono de los *emails*, hasta el trato con proveedores. Parte de la cultura es cómo nos saludamos, cómo abordamos las ideas, cómo nos tratamos, si dirigimos a través del miedo, si domina la jerarquía, si devolvemos llamadas, si culpabilizamos o buscamos soluciones, en fin: cómo abordamos cualquier quehacer del día a día empresarial.

¿Todas las empresas tienen cultura corporativa? Sí.

¿Todas las empresas tienen la que quieren? No.

¿Por qué no? Porque no la cultivan conscientemente.

Antes de entrar en más detalles, veamos por qué es importante tener una cultura adecuada. El fundamento nos lo brinda una ley universal:

1. Somos lo que pensamos-sentimos
2. Lo que pensamos-sentimos lo irradiamos
3. Lo que irradiamos lo atraemos

Cada emoción, cada comportamiento, genera un nivel de vibración energética; por eso es importante conocer y respetar esta ley:

Para definir nuestra cultura, sembrarla y cuidarla, debemos tener claro cómo nos deseamos sentir en la empresa, así como qué tipo de empleados, clientes y proveedores deseamos atraer y cómo se deben comportar para estar alineados con su RdS.

Es muy sencillo, aunque no dije fácil.

Muchas veces la cultura de «excelencia-buen-rollo[3]-humor-amistad-alta-productividad» contradice el entorno en que iniciamos nuestro emprendimiento o empresa. A veces el entorno histórico-cultural del país trabaja en contra.

Me ha tocado diseñar y ayudar a implantar culturas corporativas que fomentan el criterio propio, la autogestión, la franqueza y la valentía de poner la verdad sobre la mesa justo en países socialmente complicados donde la idiosincrasia se basa en la sumisión ante la jerarquía y en el «sí-patrón». Tremenda labor. Lo hemos logrado. Hoy esas empresas son un verdadero oasis de excelencia profesional y personal. Es como si al cruzar el umbral del portón entrases en otro país.

Imagina que tienes un pedacito de tierra y deseas cultivar maíz. ¿Qué tienes que hacer? Sembrar maíz, cuidarlo y

---

3 «Buena vibra» en Latinoamérica.

eliminar la maleza. ¿Por qué? Pues porque si no lo haces así «te crecerá el monte» (la maleza) y dominará el cultivo.

Algo similar pasa con la cultura:

* Debemos definir la que queremos para lograr los objetivos de nuestra empresa.
* Debemos ponerla por escrito.
* Debemos hacer una selección de personal que sea acorde con la cultura definida.
* Debemos crear un sistema de reglas y normas internas que fomenten los comportamientos deseados y corrijan los no deseados.

Repito: es fácil, mas no sencillo. Uno de los errores es que muchas empresas esperan a ser rentables para ocuparse de la cultura. Mal hecho. La cultura determina nuestros comportamientos, por lo que hay que empezar todo emprendimiento definiendo la cultura que queremos. Segundo, si no somos consistentes y exquisitos con nuestra cultura empezaremos a tolerar pequeñas desviaciones que con el tiempo se volverán una bola de nieve y ahí entrará en acción el virus «yo-promuevo-lo-que-permito», y una vez instalado será más difícil erradicarlo. Es más fácil diseñar desde cero que tener que erradicar costumbres y vicios.

Para tener la cultura deseada no basta considerar los factores internos de la empresa, sino que hay que tener en cuenta el entorno cultural del país donde se encuentra. Por ejemplo, en América Latina es más difícil crear una cultura de excelencia (calidad, puntualidad, cumplimiento, disciplina, etc.) que en Alemania, Japón o Suiza. Por otro lado, en estos países es mucho más difícil crear organizaciones con una cultura de flexibilidad, alegría, humor y capacidad de improvisación que en América Latina.

Lo mágico de todo esto es que, si definimos bien la cultura y las reglas internas, podemos crear un verdadero oasis de excelencia y humanismo rentable en entornos difíciles. Abordar el tema de la cultura corporativa es una responsabilidad estratégica de la Alta Dirección. En caso de que tu emprendimiento o empresa no tenga la cultura deseada ocúpate de ella activamente. Define sus parámetros (ver capítulos de valores, ADN y «no-negociables»). En pocas semanas podrás apreciar cambios impresionantes y motivadores.

LOS «NO-NEGOCIABLES»

«La calidad de mi vida es directamente proporcional a las cosas que decido hacer 'no-negociables'». Esta frase la pronunció el gran Keith J. Cunningham durante un curso intensivo al que acudí en Austin, Texas. No se trata de cuántas, sino de cuáles.

Me impactó profundamente.

Cuando uno define reglas y límites, lo que se permite y lo que no, vive en libertad y con tranquilidad. Un ejemplo personal: ser cortés y respetuoso con las damas y las personas mayores (aunque ya prácticamente no esté de moda) es una decisión de vida que tomé hace años.

**Tener claridad acerca de los «no-negociables»
nos da una tranquilidad interna absoluta,
pues no nos tentará
un comportamiento alterno.**

Otra cosa es cuando estoy con unos amigos y me dicen «quédate un rato más, tómate otra cervecita», ahí sí soy flexible... Decidí adaptar el concepto de los «no-negociables» a las organizaciones. Me pregunté: ¿tendría sentido hacer una lista de «no-negociables»? ¿Ayudaría eso a crear y mantener una cultura coherente y nítida? ¿Daría una señal clara e inequívoca de lo que queremos y de lo que no toleramos? Fui desarrollando una metodología paso a paso, simple y potente. Los resultados no se hicieron esperar. Realmente son mágicos. Agradezco de corazón a los clientes que me han hecho caso y han invertido en ello. Hoy son mis mayores promotores. No conozco a nadie más que lo esté haciendo. Todavía...

Escribo sobre este tema para ir sembrando la práctica de los «no-negociables», pues los beneficios son extraordinarios. Y aquí entro en materia:

Es consabido que casi todas las organizaciones definen su visión-misión y sus valores. Algunas trabajan incluso su RdS (razón de ser). La pregunta es: ¿qué hacen con los valores, aparte de imprimirlos en enaras o colgarlos en la pared? Aquí te comparto mi método:

Paso 1. Desglose de valores en comportamientos

Partamos de la definición de que «un valor organizacional es una actitud o comportamiento que consideramos importante para el logro de nuestra RdS y nuestros objetivos».

Por lo que el primer paso será desglosar los valores en comportamientos observables. Si no se quedarán en la pared como un enunciado filosófico de libre interpretación.

Y este desglose se hace, valor por valor, en tres tipos de aspectos:

1. Comportamientos requeridos
2. Comportamientos no deseados
3. No-negociables (causa de despido)

Este desglose es bueno hacerlo con los empleados de la empresa. No sirve si lo hace un consultor o el equipo directivo en su despacho y lo impone. El consultor es netamente un moderador-catalizador en este ejercicio pues no conoce a la empresa tan bien como los que trabajan en ella.

Paso 2. Inducción y compromiso

Toda persona de la organización (incluido el CEO) debe ser formada en el ADN de la misma, en la cual los valores y su desglose en comportamientos son un componente crucial. Posteriormente deben comprometerse con su firma. Debe ser algo inequívoco. Es un compromiso, un pacto.

El mensaje debe estar claro: «Aquí no hacemos las cosas de cualquier manera; somos claros en cuanto a nuestra cultura de excelencia y éxito. Aquí no hay medias tintas en lo que se puede y lo que no, y esto es lo que esperamos de cada uno de los que forman la empresa».

El que con su comportamiento entra en el terreno de los «no-negociables» sabe claramente que debe dejar la organización. En la inducción se les explica el por qué y el para qué de los «no-negociables» para crear consciencia de su impacto en clientes, colegas y en la salud del negocio y, por ende, de los puestos de trabajo.

Ejemplo real

Uno de los valores de un cliente muy querido es la integridad (valor ético). Y dentro de la integridad un «no-negociable» es no «compartir información confidencial». Un integrante del equipo de Recursos Humanos, que pasó por la inducción de valores y firmó los «no-negociables» compartió información confidencial y acto seguido tuvo que abandonar la organización.

No se le tuvo que amonestar, ni despedir. El que comete un acto «no-negociable» se autodespide. Nos ahorra tener que despedirlo. No hay discusión.

Y justamente eso es lo que crea una cultura nítida y coherente, pues si no somos coherentes ni consecuentes entra en acción un virus muy peligroso llamado «yo promuevo lo que permito». Además, cuando alguien se va de una organización deja un mensaje claro a los que se quedan: «Aquí los 'no-negociables' se los toman en serio. No es cuento». La cultura empieza a robustecerse.

Definir los «no-negociables» tiene 2 condiciones esenciales:

1. Son normalmente muy pocos, por lo que deben ser redactados con mucha precisión.

2. Son de obligatorio cumplimiento, independientemente del cargo jerárquico.

Por ejemplo, cometer errores no puede ser un «no-negociable», pues todos los cometemos, pero esconder o encubrir errores graves, sí.

Entiendo que los «no-negociables» no se suelen poner por escrito porque «es obvio»; sin embargo las reglas claras y escritas valen oro en este mundo variopinto lleno de interpretaciones.

Es «obvio», pero entra en los «no-negociables», por ejemplo, el llevarse material de oficina (fotocopias, tijeras, pegamento) sin pedir permiso, pues «aquí todo el mundo lo hace», el maltrato verbal y físico a clientes y colegas, o el forjar o falsificar documentos.

Un muy distinguido cliente de *outsourcing* de contabilidad incluyó entre los «no-negociables» las excusas. Santo remedio: si a usted se le pasó cumplir un requisito fiscal en nombre del cliente, llámelo, discúlpese y soluciónelo. Cero excusas. La calidad del servicio se catapultó. No lo des por sobreentendido, ponlo por escrito.

Acuérdate, tanto en lo personal como en lo organizacional, la calidad de tu vida es directamente proporcional a qué cosas defines como «no-negociables».

¿Ya tienes claro tus «no-negociables»?

EL PRECIO DE LA ARROGANCIA CORPORATIVA

Se podría definir la arrogancia corporativa como la sobredosis de autoestima de una empresa y sus integrantes que les hace ir «sobrados», basada en su éxito, tamaño o valor de marca.

Según la RAE, arrogancia viene del latín *arrogans, -ntis,* y significa altanero, soberbio. Acortaremos el término a AC.

Las más propensas a contraer AC son las empresas grandes, conocidas y globalizadas, muchas de ellas con un balance que supera el presupuesto de países enteros.

Si además la empresa es número uno en su sector, la sobredosis se potencia. Aunque reconozco que algunas pequeñas empresas, con el debido esfuerzo, llegan a lograrlo.

La AC no es en sí ni buena ni mala, aunque sí peligrosa, sobre todo si no se es consciente de ella. Tiene efectos que pueden mermar sustancialmente la rentabilidad y hasta destruir la empresa.

La AC se manifiesta principalmente en 3 áreas:

- Clientes
- Empleados
- Proveedores

AC con los clientes

Tengo un gurú en EE.UU., un multimillonario que tras amasar una fortuna por encima de los 100 millones de dólares, quebró. Después rehízo su fortuna. Le preguntamos por qué quebró. «Es que me volví arrogante. Cuando los negocios fluyen y tu cuenta bancaria va en ascenso sin interrupciones te crees el dios del Olimpo».

Le preguntamos cuál fue su principal aprendizaje.

«You can be rich or you can be right,
but it's very difficult to be both».
(Puedes ser rico o puedes tener razón,
pero es muy difícil ser ambos).

La AC nos hace altaneros, se nos suben los humos y se nos nubla la vista. Dejamos de ver la realidad tal cual es. Nuestra soberbia no registra los pequeños cambios del mercado y creemos que los factores que nos han llevado a tener ese éxito son los mismos que nos garantizarán el éxito en el futuro. Y en un mundo cambiante eso no es así.

Les pasó a Kodak, PanAm, Enron, Nokia, Blackberry y Palm Pilot, todas empresas exitosísimas en su momento. Dejaron de escuchar a los clientes porque estaban demasiado convencidas de que lo estaban haciendo bien.

La AC produce ceguera ante los cambios en las necesidades de los clientes y, por ende, merma la creatividad y la innovación.

La empresa se vuelve inflexible y les pone las oportunidades en bandeja a sus competidores.

AC con los propios empleados

En una gran empresa líder en su sector, al sentir cierta incomodidad en su participación les pregunto a los asistentes al *focus group*: «¿Cuándo los avisaron de que nos íbamos a reunir hoy?». Respuestas: «A mí, ayer», «a mí me convocaron esta mañana»...

Preguntamos a los jefes: «Si fijamos la fecha hace dos semanas, ¿por qué convocan en el último minuto?». «Pues yo los 'arranco' de la línea de producción y ya está; deben dar las gracias de poder trabajar en esta empresa», fue la respuesta. AC en todo su apogeo.

En otra empresa me dicen: «Mire, lo que pasa aquí es que los 'corbatudos' no saludan». Me pregunto, ¿cómo se sienten los obreros de una fábrica cuando personas bien vestidas (corbata) y de una jerarquía superior pasan a su lado y no saludan? Los ignoran.

La AC genera heridas emocionales, y las heridas emocionales siempre acaban pasando factura. Meses después, por esta y otras razones, los obreros pararon la planta. Me imagino el diálogo interno del obrero cuando el «corbatudo» fue a negociar con ellos: «¿Ves, imbécil que sí somos importantes; ¿ahora vienes a hacernos caso?».

La arrogancia corporativa
puede ser una enfermedad mortal.

AC con los proveedores

Cuando una empresa sufre de AC, los que más la padecen son los proveedores. Creen que pueden hacer con ellos prácticamente lo que quieran por el hecho de que les generan negocio. Algunos síntomas de la AC a proveedores:

* Pedir presupuestos una y otra vez, y no confirmar su recepción.
* No devolver las llamadas, ni responder los *emails*.
* Dictar precios y condiciones desorbitadas de logística y pago.
* Cambiar fechas y condiciones acordadas sin ningún tipo de consulta.
* Hacerles sentir como si fuera un favor el contratarlos.
* Dejar pasar entre presupuesto, aprobación, orden de compra, facturación, emisión de factura y pago tiempos desmesurados.

Hay empresas (proveedores) que ya incluyen el factor AC en su estrategia de *pricing*.

¿Sufren usted o su empresa algún tipo de AC? ¿Ya lo ha detectado? ¿Cuál es el precio que paga por la AC?

Créame: una sana autoestima con humildad
es rentable.

Muy rentable.

LEALTAD Y TOLERANCIA, DOS VALORES RELATIVOS

Definimos valor organizacional como la actitud o el comportamiento que consideramos importante para el logro de nuestros objetivos.

Un valor se vuelve absoluto cuando su tamaño y beneficio están en correlación directa. A mayor tamaño, mayor beneficio. Y relativo cuando depende de su uso y dosificación. Algo tan común y diario como la sal puede ser útil y también altamente peligroso. Tómese usted una cucharada sopera de sal (si es que se la logra tragar) y usted se muere. En el caso de la sal nos hemos acostumbrado a dosificarla. Pero no pasa así con la lealtad y la tolerancia.

Llevo más de dos décadas ayudando a empresas a definir sus valores y dos de los valores más nombrados son la lealtad y la tolerancia. Aparecen casi siempre en primer lugar.

Me preguntan: ¿cómo es que la lealtad y la tolerancia pueden producir daño? ¿No son estos dos valores importantes para la ética y la convivencia de todo ser humano?

El mayor problema con ambos valores es que los tomamos como valores absolutos. Es decir, cuanta más tolerancia mejor. Cuanta más lealtad, mejor. Pensar así es peligroso.

Pregúntese usted sinceramente:

- ¿Cuántas verdades se ocultan por lealtad?
- ¿Cuántas correcciones necesarias se evitan por lealtad?
- ¿Cuántos abusos de poder se apoyan por lealtad?
- ¿Cuántas fechorías de cuello blanco se tapan por lealtad?

Si usted cree que la tolerancia es un valor absoluto (a más tolerancia mejor), pregúntese:

- ¿Cuántas injusticias desea tolerar?
- ¿Tolera usted que le alcen la voz?
- ¿Y el maltrato?
- ¿Tolera usted que su secretaria robe la caja?
- ¿Y que lo estafen?

No se olvide de que la calidad y el sentido de nuestra vida son directamente proporcionales al tipo de cosas que estamos dispuestos a tolerar, es decir, a las cosas a las que damos permiso y entrada en nuestras vidas. Por supuesto que hay muchos factores que escapan a nuestra influencia, como los abusos de poder gubernamental. Pero no estoy hablando de ellos. Me estoy refiriendo a los aspectos diarios tanto en lo laboral-profesional como en lo personal.

Hágase la siguiente pregunta: ¿qué es lo que tácitamente estoy tolerando?

No se olvide de que al tolerar ciertas cosas se activa el mecanismo «yo promuevo lo que permito». ¿Qué cosas hay en su vida (personal y profesional) que no le gustan y que inconscientemente ha estado fomentando a través de la tolerancia?

Lealtad y tolerancia son valores relativos y hay que dosificarlos muy bien; si no se vuelven peligrosos.

No estoy diciendo que no tengamos que ser leales ni tolerantes, sino que hay que ser muy conscientes de a qué le soy leal y qué cosas estoy dispuesto a tolerar.

Personalmente me declaro intolerante a la falta de respeto, al abuso, a las injusticias, a la manipulación y al maltrato.

Cuido por otra parte la dosificación y la dirección de la lealtad: lealtad a nuestro Creador, a sus leyes universales, a la esencia humana, a mis principios personales, profesionales y de convivencia.

¿Qué sentido tiene la lealtad a una persona si es humano equivocarse y embriagarse de poder? Grandes abusos históricos han sido posibles por la lealtad personal. No puedo ser leal y encubrir a un jefe que abusa de su poder. Soy leal a los principios de la ética y de mi profesión.

Cuando aprendamos a manejar y dosificar la lealtad y la tolerancia desde una dimensión más consciente empezaremos a ser mejores personas, mejores ciudadanos, y con ello construiremos mejores empresas, factor muy importante para que empiecen a aparecer en nuestras vidas mejores líderes.

El liderazgo mejora con el comportamiento crítico de los propios seguidores.

¿Qué tipo de líderes está usted atrayendo a su vida?

¿Qué es lo que va a tolerar y a qué le va a ser leal en un futuro?

Al primero al que debe serle leal es a usted mismo.

EL ÉXITO ES PELIGROSO

Buscamos el éxito.

Nos esforzamos por el éxito. Desde pequeños nos forman para el éxito.

Y nos encandilamos cuando lo tenemos enfrente.

Por eso el éxito es peligroso, porque encandila. Y ese peligro yace en que no nos damos cuenta de su peligro. Y al no darnos cuenta, nos acecha a sus anchas tendiéndonos trampas.

Peligroso es algo que conlleva un riesgo y puede ocasionar daño. Un cuchillo puede ser útil y, al mismo tiempo, representar un peligro. Con un cuchillo podemos tallar una Virgen, pero también matar a alguien. El peligro no es atributo del utensilio en sí, sino del uso que le podamos dar.

¿Cuántas empresas otrora exitosas han quebrado? Kodak, Nokia, Blockbuster, Thomas Cook, Palm Pilot, solo por nombrar algunas. Todas ellas exitosas.

Nokia llegó a tener el 35 % del mercado mundial de telefonía celular. Líder absoluto. Fue exitosísima.

Desde pequeños nos han dicho que el éxito necesita, principalmente, de dos ingredientes:

1. Esfuerzo
2. Y aquello de que «uno aprende de los errores»

Y ahí empezamos a incubar el peligro.

Lingüísticamente está claro: decimos que «alcanzó el éxito». Y con ello programamos nuestro subconsciente en la dirección equivocada, porque cuando uno alcanza algo es porque lo logra, y por tanto lo considera suyo. Grave error.

La verdad es que si hacemos las cosas bien y avanzamos a buen ritmo, es el éxito el que nos alcanza a nosotros. No al revés.

Y para que algo nos alcance somos nosotros los que tenemos que ir delante: en ingenio, valor, constancia, conocimiento, creatividad, y en otras cuantas cosas más.

Lingüísticamente sería más idóneo decir que transitamos por el éxito, porque en un mundo cambiante el éxito no es algo que se tiene y se retiene, y mucho menos un derecho adquirido. El éxito es algo por lo cual diariamente debemos activarnos y renovarnos. Esa es la naturaleza del éxito: un tránsito, que si actuamos adecuadamente, podríamos prolongar *ad infinitum*. Con lo cual convertiríamos el éxito en un camino, en lugar de tenerlo como punto de llegada.

Sobre el esfuerzo

Nos han inculcado el apostar por el esfuerzo (entendido como sacrificio) cuando en la naturaleza prácticamente no hay esfuerzo. Una boa constrictor para comer se esfuerza cuatro veces al año. ¿Usted ha visto al sol esforzarse para salir por la mañana? ¿O a un mango esforzarse para crecer? ¿O a un río esforzarse para fluir?

En la naturaleza lo que hay es cambio perenne: cada día el sol sale en un lugar diferente, la luna cambia de tamaño, nuestro cabello crece. La disciplina y la constancia del cambio (renovación) es lo que impulsa el éxito, no el esfuerzo. Los tomates y la caoba cada día crecen un poco. Cada día son diferentes, aunque esa diferencia sea imperceptible a nuestros ojos.

Las empresas que se consideran exitosas y llegan a cierto tamaño hacen normalmente lo contrario: están tan convencidas de su forma de hacer las cosas que empiezan a estandarizarlo todo, implantan ISO y cuanta certificación existe. Yo no digo que cierto grado de estandarización no sea útil; lo que digo es que somos propensos a sobre-estandarizar procesos y actitudes en un mundo cambiante.

El éxito está ligado a la flexibilidad, no a la rigidez. Es imperativo fluir con los cambios.

Muchos de mis clientes se han dado cuenta, después de un profundo análisis, de que están orgullosos de ejecutar ciertos procesos de forma perfecta, pero que dichos procesos se han vuelto perfectamente inútiles para la rentabilidad. Los tiempos actuales nos están desafiando a repensarnos a diario, lo que no significa que lo tengamos que cambiar todo a diario. No. Tenemos que repensarnos a diario y hacer de los cambios una constante para fluir con la metamorfosis que el mercado requiere.

Aprendamos de los aciertos

Enaltecer los errores como principal fuente de aprendizaje también es un error. ¿Por qué no aprendemos de los aciertos? ¿Por qué no nos preguntamos con mayor frecuencia «a qué le estamos debiendo el éxito que estamos teniendo»? «Es que uno aprende de los errores» es la respuesta automática. El Santo Grial.

Cuando una empresa no logra resultados, todo el mundo se pone a analizar frenéticamente lo que pasó. Dedicamos horas y horas a elaborar presentaciones en Powerpoint para poder explicar y justificar el no-logro. Sin embargo, cuando cumplimos, o hasta sobrepasamos las metas, vamos derechito a los mejores restaurantes y a repartir bonos. No solemos pararnos a examinar el éxito.

Me pregunto: si no sé a qué le debo el éxito, ¿cómo lo voy a repetir? ¿Cómo lo voy a mejorar?

El éxito empresarial nos infla el ego, y el ego sirve para hacernos creer que somos la mamá-de-Tarzán y con ello sucumbir a la arrogancia corporativa. Y he ahí el peligro; el éxito nos ciega. ¿Para qué cambiar si nos está yendo bien? Y la trampa que nos tiende el éxito es que no nos permite ver los pequeños cambios que nos exige el mercado, porque los excelentes números actuales (que son consecuencia de acciones pasadas) nos encandilan y llenan de orgullo.

....

Las empresas que sufren de arrogancia corporativa son las primeras que a las sugerencias de sus clientes y empleados contestan con desparpajo «eso no se puede, porque es política de empresa».

....

Es una lástima que empresas excelentes sean más fieles a las políticas propias que a las necesidades cambiantes de sus clientes.

Disciplina en el cambio constante y aprendizaje diario de los aciertos y los errores; esa es la fórmula del éxito en un mundo cambiante e impredecible.

Y si no, pregúntese: si usted va a contratar a un entrenador personal porque desea correr la maratón de Berlín, ¿a quién va a contratar: a alguien que salió diez veces y nunca terminó (porque hay que aprender de los errores), o a quien triunfó en diez ocasiones?

Aprenda de los errores y aprenda del éxito. Abrace el éxito, disfrútelo, festéjelo, aprenda de él y cambie diariamente para seguir transitando por él.

Créame, al éxito hay que estar vigilándolo de cerca siempre. Puede convertirse en un peligro si no lo estudiamos, pues su fulminante aporte podría ser el inflarnos el ego.

¿Está usted analizando y aprendiendo de su propio éxito? ¿Y del éxito de sus competidores?

LA OBEDIENCIA ES UN BÚMERAN

Sé que a muchos padres, educadores y jefes esta afirmación no les va a gustar. Peor, les provocará un rechazo tal que ni leerán este artículo. Y es lógico. Empecemos afrontando la realidad: el mundo empresarial cada día es más competitivo, más global y se enfrenta a consumidores cada vez mejor informados y más exigentes. Todo ello ejerce una enorme presión sobre la creatividad y la innovación. Lo de ayer ya no es suficiente. Si no innovo lo hará mi competidor y me dejará fuera del mercado. En los últimos años han desaparecido grandes marcas. Y no lo han hecho por no innovar, sino por no innovar al ritmo adecuado. Las preguntas centrales son: ¿cómo logro tener una empresa innovadora? ¿Qué factores influyen? ¿Cómo debo seleccionar, tratar y educar a mis empleados para que la innovación sea parte inequívoca de nuestra cultura diaria?

En este capítulo no deseo tratar técnicas de creatividad, ni tampoco ambientes que puedan fomentarla. Quiero ir a una de las principales raíces del problema: nuestra actitud, fruto de la educación tradicional y que, lamentablemente, en la mayoría de los países y sistemas educativos sigue siendo una realidad.

Nuestra educación tradicional se basa, principalmente, en tres virtudes:

* La obediencia
* Aprender para retener
* Responder vs. preguntar

Y estas son las cualidades que muchos jefes siguen valorando. De hecho, el organigrama tradicional así lo expresa:

arriba están los que deciden y mandan, y abajo los que obedecen. Arriba están los que preguntan, abajo los que responden. En la mayoría de los casos las evaluaciones se hacen de arriba hacia abajo y no al revés.

En la familia y en la escuela el «buen chico» es aquel que obedece, aprende, retiene lo aprendido y además es capaz de responder adecuadamente el día del examen. Algo muy similar a lo que sigue pasando en muchas empresas. Cuántos jefes siguen el enunciado: «Yo no le pago para que piense; le pago para que trabaje». Para un jefe así todo ser pensante –sobre todo con criterio propio– resulta incómodo y desafiante.

Nos educan para obedecer y ser buenos chicos. No nos educan para ser felices. No nos educan para desarrollar nuestro potencial y cuestionar el *statu quo* para cambiar. Un empleado obediente es mucho más cómodo que uno mentalmente irreverente. Sin embargo, el irreverente puede que salve a la empresa de la autodestrucción.

Cuando uno obedece responde a criterios externos; cuando uno es auténtico y feliz lo hace en base a criterios internos. Esta pequeña diferencia puede producir resultados diametralmente opuestos en la empresa.

No es lo mismo que una persona se rija por referencias externas que internas. Lo óptimo es una sana mezcla de lo interno con lo externo, a saber: una combinación de obediencia (referencia externa) con criterio propio (referencia interna).

Las personas altamente obedientes que carecen de criterio propio son *de facto* esclavos y, en el mejor de los casos, sumisos. Puede ser muy cómodo para un jefe comandar a un grupo de sumisos, pero fatal para la sobrevivencia de la empresa.

Cuando una persona está en modo «obediencia» desenchufa el cerebro.

En las empresas modernas, sobre todo en un mundo altamente competitivo, no necesitamos ovejitas, sino personas con criterio propio que sean capaces de criticar desde dentro a la propia empresa. La experiencia demuestra que si una empresa no es capaz de escuchar y canalizar la crítica interna, esta vendrá desde fuera. Y será mucho más costosa. Para construir una empresa de primera necesitamos gente con criterio propio que pueda expresar sus opiniones y que tenga la madurez de ser obediente en pro de una sana convivencia. No digo que la obediencia sea mala, sino que hay que dosificarla. Lo peligroso es la obediencia sin una buena porción de criterio propio. La fórmula es sencilla:

• Obediencia con criterio propio produce ciudadanos conscientes y de primera.

• Obediencia sin criterio propio produce sumisos manipulables.

• Obediencia con rencor produce fanáticos.

Los grandes dictadores y déspotas pueden hacer lo que hacen gracias a un séquito de personas obedientes. Los miembros de una secta son obedientes. Tan obedientes que son capaces de quitarse la vida porque el jefe de la secta se lo pida. Los que se inmolan o ejecutan actos terroristas, sacrificando hasta su propia vida, son todos obedientes. Un obediente sin criterio propio no le dirá al rey que está desnudo.

Piénselo: si usted promueve la obediencia en su empresa a costa del criterio propio, ¿quién le va a decir al jefe que está equivocado? ¿Quién va a contradecir al que tiene por encima en el organigrama? ¿Quién lo va a poner a pensar? ¿Quién le producirá la incomodidad necesaria para realizar los ajustes y cambios que requiere toda sobrevivencia en tiempos de crisis?

**La obediencia en sí es altamente peligrosa.
Se puede convertir
en un búmeran mal manejado.**

Si usted quiere sobrevivir en este tercer milenio, promueva el criterio propio y, más allá de eso, la irreverencia mental... por incómodas que sean. Desde mañana mismo pida a sus empleados que lo contradigan. Premie a los que duden y pregunten. Fomente la irreverencia mental. Felicite a los que exponen su punto de vista con franqueza y gallardía.

La humanidad ha avanzado gracias a los no-obedientes. A los que se han atrevido a dudar y cambiar desde la percepción del tiempo (Albert Einstein) hasta la forma de comunicarnos, comprar, alojarnos, trasladarnos y usar vehículos sin que los hayamos comprado.

El título del artículo se quedó modesto.

Innovar o morir.

EL HUMOR COMO FACTOR PRODUCTIVO

El sentido de humor contribuye mucho más a la productividad de lo que muchos piensan.

Y no es de extrañar el que todavía no hayan puesto el humor en el pedestal que se merece, pues desde el colegio nos premian la seriedad y la obediencia, tildando de revoltosos a los chistosos y a los traviesos. Y el humor es ambos.

....

El sano humor
en dosis adecuadas produce maravillas.
Es mágico.

....

Pensémoslo bien, hay tres cosas que nos han premiado desde pequeños:

* La obediencia
* Las respuestas correctas
* La seriedad (tomarnos las cosas en serio)

Pues resulta que en este mundo cambiante, justo lo opuesto también genera un aporte sustancial, sino mayor, al éxito empresarial.

* La irreverencia mental es base de la creatividad y la evolución.
* La pregunta es un elemento propiciador de mejores respuestas.
* El humor es parte de la inteligencia personal y relacional.

Aquí haremos un análisis de las 3 grandes contribuciones del humor al éxito empresarial. Estamos refiriéndonos al humor sano, por supuesto, no a la burla, ni al humor tóxico manejado por el ego y la superioridad. No al cinismo, al sarcasmo ni a la ironía, que son formas veladas de agresión verbal. Se trata siempre de un humor sano.

Nos referimos al humor como chispa, como ese toque de alegría que nos sorprende, ese destello de niñez juguetona que brota inesperadamente, en fin, al humor cotidiano de buena voluntad y cariño.

El humor, por tanto,

- Acerca a las personas.
- Promueve la creatividad.
- Cataliza la productividad de alta frecuencia energética.

El humor acerca a las personas.

El humor desestresa, y lo que desestresa une. El humor inteligente es implacable con el ego y lo desmantela. A menos ego, más cercanía. La separación es una ilusión del ego. Nada más sano para mantener la *autoritas* que tener líderes que puedan reírse de sí mismos, despojándose del ego jerárquico y buscando la cercanía humana a través de una sana vulnerabilidad. Y es que reírse de uno mismo es un signo de evolución humana que conecta nuestras esencias. Nos hace ser uno. Es reconocernos en el otro.

El humor es la chispa que nos ayuda a no tomarnos todo tan en serio, a relativizar ciertos problemas y desnudarnos como lo que somos, seres perfectamente imperfectos.

El humor en equipo une, amalgama y produce bienestar. En realidad el humor sano es una contribución, un servicio y un regalo al bienestar ajeno donde situamos al otro como protagonista principal del disfrute, y con cuya alegría nos enriquecemos y deleitamos.

El humor debe formar parte intrínseca de nuestra cultura empresarial. Tiene que estar en nuestro ADN como manifestación diaria, en saludos, reuniones, *emails*, mensajes. Es como el condimento que resalta un buen manjar.

Para ello, por supuesto, deberemos tener claridad de qué es lo que debemos tomarnos en serio y qué lo que no vale la pena. Por ejemplo, el humor sí es algo que debemos tomarnos muy en serio.

El humor promueve la creatividad.

Humor, creatividad e inteligencia tienen un denominador común: la irreverencia mental. El atreverse a ver la misma realidad desde otro ángulo. El no aceptar las cosas sin que pasen por nuestro discernimiento. El humor es la mirada inesperada que sorprende con relaciones y aspectos que florecen con desenlaces sorpresivos e inesperados.

La lógica en sí impresiona, pero es, y no suele desembocar en creatividad ni soluciones disruptivas. Una mente que practica el humor es una mente más creativa, pues se siente cómoda saltándose patrones establecidos. Una mente seria aporta a la obediencia, mientras que una mente agraciada con sentido del humor es una mente desbocada. Incómoda para los jefes, pero útil para la evolución.

El humor es un catalizador de la productividad de alta frecuencia energética.

Productividad y motivación van de la mano. Donde hay motivación hay energía. Las personas que disfrutan de su trabajo son mucho más propensas a dar lo mejor de sí para el cumplimiento de los objetivos y colaborar con sus colegas en pro del éxito grupal.

El humor y el disfrute van ligados a frecuencias vibracionales altas, mientras que el estrés y la tensión a vibraciones de baja frecuencia. Y estas últimas son la antesala de quebrantos y enfermedades. Las empresas que son conscientes y cuidan desde diferentes aspectos su energía vibracional están haciendo una gran contribución a la salud de sus empleados, de sus familias y a la de la empresa misma. ¿Necesitas más argumentos para promover un humor sano en tu empresa?

DIRECCIÓN & LIDERAZGO

COMITÉ DE DIRECCIÓN: DOS ERRORES EN LOS QUE MEJOR NO INCURRIR

E l Comité de Dirección (CD) es parte importante del gobierno de empresa. Algunos le llaman Equipo de Directores o Comité Ejecutivo.

Estamos hablando de un cuerpo colegiado que está a cargo de la dirección global de la empresa. Normalmente suele estar integrado por entre 6 y 12 personas.

Pertenecer al CD es un privilegio y un acontecimiento retador en la carrera profesional de todo directivo. Y también es una responsabilidad de gran envergadura, pues es allí donde se diseña el rumbo y se van construyendo las grandes decisiones que afectan a la empresa como un todo.

Pertenecer al CD es un premio jerárquico que inyecta, sobre todo a los recién nombrados, una buena dosis de ego, pero que al mismo tiempo exige una doble dosis de humildad.

Está integrado por el presidente ejecutivo o director general (CEO), así como por los jefes de las distintas áreas que conforman la empresa: Finanzas, Marketing, Ventas, Recursos Humanos, etc. El hecho de ser integrante del CD como máximo representante de un área da lugar a dos errores costosos para la empresa.

Error 1: «Representamos a nuestras áreas»

Es verdad que los integrantes del CD son electos por ser cabeza de sus áreas. También es cierto que aportan al CD la experiencia y los conocimientos respectivos de dichas áreas. Lo que muchos CD, sin embargo, no logran es que sus integrantes antepongan los intereses de la empresa a los de su propia área. Es decir, que primero piensen como parte del CD y después como representantes de sus áreas. Grave error.

Todo miembro de un CD tiene que tener como foco y objetivo principal la salud material y emocional de la empresa. Reitero, no debe anteponer los intereses de su área a los intereses integrales de la empresa.

Cuando priorizamos la optimización de un área suboptimizamos la salud de la empresa por el detrimento que ello genera en el engranaje interno.

El CD es un cuerpo colegiado que, cual equipo de *ninjas*, independientemente del área a la cual pertenezca cada quien, debe velar por la salud de la empresa desde el plano estratégico.

Error 2: que lo operativo opaque lo estratégico

La dinámica diaria de la empresa nos sumerge en la parte operativa: las acciones concretas que mueven la empresa se ejecutan en el nivel operativo, y la data resultante se genera, por tanto, en ese mismo nivel. Sin embargo las decisiones trascendentales se deben tomar en el nivel estratégico. Es un arte traducir la hipercomplejidad del día a día en sencillez estratégica. Y ese es el principal rol del CD como cuerpo colegiado. Para ello cada quien, paralelamente al aporte de los conocimientos de su área, debe interesarse por aquellos problemas, sean del área que sean, que puedan afectar a la empresa como un todo.

Una de las principales responsabilidades de un buen CD es velar por una cultura de excelencia de ejecución en la empresa, pero desde el nivel estratégico. Es decir, asegurar lo operativo desde lo estratégico, creando el marco de condiciones adecuadas.

Debe diseñar y crear un marco de referencias (valores, cultura, principios, normas y reglas) que propicien inequívocamente comportamientos para una ejecución excelente a todos los niveles y en todas las áreas.

Y el grave peligro está en que como no siempre se dominan las herramientas estratégicas, ni la diferencia entre el pensamiento sistémico y sistemático, ni los diferentes niveles de análisis (operativo, táctico y estratégico), el CD termine «metiendo la mano» en aspectos operativos que no son de su incumbencia.

Si a ello le sumamos el que en ese proceso sus integrantes tengan como foco defender los intereses de sus áreas, el CD no cumplirá con su verdadera razón de ser.

Los integrantes de tu CD, ¿tienen clara cuál es su razón de ser como cuerpo colegiado?

¿Y la razón de ser de cada uno de ellos?

¿Ven los integrantes de tu CD el tablero de ajedrez completo o cada quien representa los intereses de sus peones?

Recuerda: cuando optimizamos un área por encima del todo suboptimizamos el todo. El costo es tanto material (rentabilidad) como emocional. Y, además, caro.

¿Qué es más importante para ti: el todo o tu parte?

LA MATERIA BLANDA ES LA MÁS DURA

La gestión se compone en esencia de dos grandes disciplinas: la materia dura y la materia blanda.

Pertenece a la materia dura todo aquello que es tangible y racional: *cash-flow*, procesos, infraestructura, indicadores.

Pertenece a la materia blanda todo aquello que es intangible y emocional, como la motivación y el compromiso, la cultura organizacional y los valores.

En cuanto a recursos, pertenecen a la materia dura los que tienen que ver con finanzas y tecnología, y a la materia blanda las personas y la gestión de su potencial y talento. Las universidades y escuelas de negocios en general dedican todavía mucho más tiempo a estudiar y analizar la materia dura que la blanda. Ni hablar en carreras como Ingeniería, TI, etc.

Todos los que son expertos en materia dura, sin embargo, necesitarán del dominio de la materia blanda cuando empiecen a escalar posiciones y tengan que liderar personas o iniciar un emprendimiento propio. Está claro: las personas y su comportamiento (materia blanda) no responden a las mismas reglas que los números, la tecnología o las finanzas (materia dura).

Alguien puede ser un genio en informática o finanzas, y al mismo tiempo un analfabeto en la conducción del talento humano. ¿Cuánto cuesta a las empresas este tipo de analfabetismo?

Hay un profundo cambio de paradigma al ir de una sociedad postindustrial a una del conocimiento, donde el principal factor productor es el cerebro y las habilidades de relacionarnos. En esta nueva sociedad, lo intangible determina lo tangible y lo invisible lo visible.

A nivel mundial están creciendo las muestras y los testimonios de que la materia blanda tiene influencia directa en la productividad, y con ello en la rentabilidad.

¿Por qué la materia blanda es la más dura?

Porque nuestra educación (tanto escolástica, como empresarial) sigue apostando principalmente por el raciocinio y la lógica secuencial. Pregúntese: ¿cuántas horas ha invertido usted en aprender a manejar su ordenador, indicadores, finanzas, etc, en comparación con las horas invertidas en entender y gestionar el comportamiento y la motivación humana?

¿Cuánto más eficiente y rentable podría ser su empresa si «toda-persona-que-conduce-a-otra» tuviera las competencias idóneas para mover al talento humano a sentirse más realizado y con ello más productivo?

Usar el sentido común no basta.

La materia dura:

- Es más cara (cuesta dinero)
- Es más fácil (solo cuesta dinero)
- Su efecto es de más corto plazo
- Es más racional
- Es más fácilmente medible y cuantificable

Mientras que la materia blanda:

- Es más barata (en muchos casos no cuesta nada)
- Es más difícil (el dinero no basta)
- Su efecto es más duradero
- Es más emocional
- No es tan fácil medirla, ni cuantificarla

Mi pregunta es: si la materia blanda se traduce en rentabilidad y es más barata y duradera, ¿por qué no apostamos más por ella?

Llegar a la maestría en el manejo de la materia blanda supone un primer paso muy concreto: tomar consciencia de que en la sociedad en que vivimos lo blando determina lo duro y lo emocional influye en lo racional.

- Recuerda: la motivación influye directamente en la productividad y con ello en la rentabilidad.
- Recuerda: «toda-persona-que-conduce-a-otra» debe dominar la materia blanda.
- Recuerda: la rentabilidad es como la salud: la salud no lo es todo, pero sin salud todo es nada.

Una buena noticia: el manejo de la materia blanda se puede aprender. Basta con ser consciente de sus beneficios, un buen puñado de herramientas adecuadas y el deseo sincero de ponerlas en práctica.

Pregúntese: si mejorar la parte blanda me cuesta tiempo y dinero, ¿cuánto me cuesta no hacerlo?

LOS TÉRMINOS COACHING Y «KUTSCHE» TIENEN LAS MISMAS RAÍCES

En los últimos años el coaching se ha puesto de moda. Una bella y útil práctica que va en auge.

Certificarse como *coach* también.

Son ya cientos las instituciones acreditadas para certificar a *coaches*. Igualmente hay ya más de una docena y media de asociaciones internacionales que las agrupan y respaldan a los que certifican.

Pero, ¿qué es realmente un *coach*? ¿Cuál es su principal responsabilidad? ¿De dónde viene el concepto?

Nuestra referencia más directa del *coach* es como entrenador deportivo.

Es interesante que hasta en muchos de nuestros países hispanoparlantes, teniendo la palabra entrenador, usemos el vocablo *coach*. Una posible causa es que al entrenador lo asociamos más con el desarrollo de destrezas físicas, mientras que el *coach* –palabra que importamos del deporte norteamericano– ve al deportista en su aspecto más integral. Un buen *coach* sabe que en el desempeño hay una interdependencia de los aspectos tangibles e intangibles, de lo visible y lo invisible. Y que todos esos aspectos influyen y se conjugan en el momento de entrar en acción.

Contrariamente a lo que nos enseñaron en la escuela, el ser humano no es un «animal racional», sino un ser material, emocional y espiritual, con lo cual tiene una dimensión práctica, una emotiva y una ética. Entrenar solo los músculos no basta. El *coach* es muy consciente de ello. Hoy en día estas consideraciones tienen validez también en el mundo directivo.

Los empresarios y la Alta Dirección cada vez se están dando más cuenta de que ser excelente en lo profesional ya no basta.

No es el déficit en la parte profesional (materia dura) lo que suele frenar a alguien en su desarrollo, sino el manejo poco adecuado de la materia blanda. Tomar consciencia de este hecho ha promovido la conveniencia de aplicar el coaching en las empresas como práctica muy útil.

La aplicación primordial del coaching es para «toda-persona-que-conduce-a-otra», sea supervisor, gerente o directivo.

Y es que hay algo en lo que debemos ser claros: si uno trabaja solo es posible tener un alto grado de profesionalismo y ser un patán al mismo tiempo. Pero cuando empezamos a tener gente a nuestro cargo, la cosa cambia. Una «persona-que-conduce-a-otra» no puede ser mejor líder de lo que es como persona. Para crecer como directivo hay que crecer como persona.

El instrumento más importante de un líder es él como persona. Para desarrollarse como líder hay que desarrollarse como persona.

El camino del avance profesional pasa por el crecimiento personal, y para ello contar con un buen *coach* es fantástico: ahorra tiempo, se acelera el aprendizaje y se economizan errores altamente costosos.

Investigando posibles raíces de la palabra coaching, me topo con el diccionario Webster, donde hace mención a que *coach*, coche (español) y *Kutsche* (alemán) tienen la misma raíz.

Según Webster, es en la ciudad de Kócs (Hungría) en 1556 donde se registra oficialmente el primer carruaje de 4 ruedas[4].

Coach es el *Kutscher*, el cochero, el conductor del carruaje. Es la persona responsable de que los viajeros (el equipo) lleguen exitosamente al destino que eligieron al subirse al carruaje. Qué metáfora tan extraordinaria para empezar a entender este concepto.

Si vienen los bandoleros, al primero al que disparan es al *coach*. Algo muy similar a cuando un equipo pierde demasiados partidos de fútbol; al primero que despiden es al *coach*.

El *coach* es el cochero, es decir, un guía, un conductor, alguien a quien elijo (y de eso hablaremos en un próximo capítulo) para que me lleve a un sitio determinado. Él está sentado en el asiento alto del carruaje (perspectiva más estratégica) y puede ver interdependencias que yo no veo por estar demasiado metido en el juego del día a día.

---

4 La *cs* en húngaro se lee como la *ch* en español o la *tsch* en alemán.

Su responsabilidad es ir conduciéndome de un punto A a un punto B, es decir, de ayudarme, como *coachee*, a llegar partiendo de mi situación actual a la meta que me propongo. Todos los número uno del mundo (Djokovic, Messi, Nadal) tienen un *coach*.

¿Tú ya tienes uno?

EL LÍDER CON OLOR A OVEJA

Es mucho lo que se ha escrito sobre el liderazgo. Este apartado desea concentrarse en un solo aspecto: la cercanía. En tiempos de cambio, incertidumbre y alta complejidad, la cercanía tiene efectos mágicos. Pero no cualquier tipo de cercanía.

El título «olor a oveja» se lo «pedí prestado» al papa Francisco, por gentileza de mi querido y admirado amigo, el padre Armando Janssens. Él fue quien me mencionó esta expresión.

El papa, en una homilía del Jueves Santo, instó a los pastores de la Iglesia a «...que vayan a la periferia, donde hay sufrimiento, sangre derramada, ceguera que desea ver... y sean pastores con olor a oveja, pastores en medio de su rebaño».

Las personas que dirigen tu empresa, ¿huelen a oveja o a Powerpoint?

Cuanto más desafiante es el entorno, tanto más cercano debe ser un buen líder.

Y esa cercanía tiene tres dimensiones fundamentales:
* Física
* Emocional
* Espiritual

Cercanía física

Empieza con un buen abrazo, corazón con corazón, y culmina celebrando los logros, codo a codo.

La cercanía emite un estruendoso mensaje no-verbal: «Te considero y reconozco como mi par, como ser humano igual que yo». Puede que tenga un cargo jerárquico superior o inferior, que mis responsabilidades sean diferentes, pero en el fondo tú y yo somos lo mismo con roles diferentes. Somos uno.

La cercanía física empieza por el contacto visual, la sonrisa, el tacto, y se refuerza con lo óptico: la oficina de puertas abiertas, la de cristales transparentes (en lugar de paredes), la de sillas iguales y comedor compartido.

Cercanía emocional

Me intereso por ti, te escucho, te entiendo y soy capaz de sentir lo que sientes. Y desde esa comprensión me comunico contigo. Ello no implica que deba estar de acuerdo. Las diferencias nos enriquecen a ambos.

La cercanía emocional también es estar en comparsa con los valores y la cultura de la empresa que compartimos. Y eso empieza por la autenticidad de lo que pensamos, sentimos y decimos, de cómo nos comportamos y la profunda conciencia acerca de qué emociones generamos en los demás a través de nuestros actos. Pues más importante que lo que pasa es la emoción que ello genera.

**Con esa cercanía emocional es como
inspiramos y fomentamos el que la gente
tenga deseos de desarrollarse y progresar.
De dar lo mejor de sí.**

Cercanía emocional con el bien, con la excelencia, con el servicio y el aporte a nuestro entorno.

Además, la cercanía empática brinda la oportunidad de detectar desviaciones de comportamiento en «estado embrional» y corregir enseguida sin secuelas emocionales.

Cercanía espiritual

Por ser la más intangible es la más importante. La irradiación de la cercanía espiritual es la que trasmitimos a través de nuestra autenticidad, integridad y conexión con los demás. Es la conciencia de que todos tenemos el mismo origen y el mismo fin. Que nuestra esencia es una y que, aunque nuestra formación, fisonomía y color sean diferentes, en el fondo todos somos lo mismo. Tenemos las mismas necesidades básicas, disfrazadas con diferentes egos, mañas y profesiones.

Es hacer el bien, pasarlo bien (buen rollo) y hacerlo bien. Es la consciencia de no hacer las cosas a costa de otros.

**Cercanía espiritual es la buena voluntad
subyacente en nuestras comunicaciones
y un contrato con la verdad
como elemento liberador.**

Esa cercanía espiritual es la que permite que no haya un yo y un tú, sino un nosotros. La que reemplaza la distancia física y la que se instala en nuestro corazón y nuestros pensamientos para vibrar al unísono, cada quien desde su individualidad única.

La cercanía crea espíritu de equipo, compromiso, identificación y, por ende, cardumen (banco de peces). Y en tiempos difíciles no hay tiburón que pueda con un buen cardumen.

¿Cuál es el grado de cercanía que se respira en tu empresa? ¿En tu empresa huelen a oveja? ¿Todos?

P.D. Y lo más espiritual de lo espiritual es que además es altamente rentable, pues genera abundancia. Como la naturaleza.

GESTIÓN

TRES PRINCIPIOS DE LA GESTIÓN ALEMANA

Alemania ha demostrado reiteradamente su éxito empresarial a través de la historia. Grandes marcas hoy conocidas mundialmente tienen origen alemán: Bayer, Schering, Puma, Adidas, BMW, VW, Mercedes, Porsche, Siemens, Bosch, Münchner Rück, Allianz, SAP, Software AG, Aldi, por nombrar solo algunas. Muchas de estas empresas tienen una larga historia y han superado altibajos económicos, políticos y sociales, desde crisis coyunturales hasta guerras mundiales.

Pero posiblemente el mayor desafío haya sido avanzar con éxito por el entorno mundial de los últimos años, que se caracteriza por:

- Una alta competitividad (nuevos países entran en el *ring* mundial).
- El hipercambio.
- La hipercomplejidad.

Muchos adjudican el éxito de las empresas alemanas (incluido el famoso «milagro alemán») a su capacidad de innovación, espíritu de calidad y perfección («Made in Germany»), así como a su orientación al trabajo, constancia y disciplina.

La mayoría de los analistas, sin embargo, deja de lado el aspecto directivo como factor crucial del éxito empresarial germano.

Hay 3 principios de la gestión alemana que valen oro, y cuya práctica genera frutos invaluables tanto en lo material (calidad, rentabilidad) como inmaterial (motivación, satisfacción, ritmo empresarial). Estos tres principios son:

- Subsidiariedad
- *Eigenständigkeit* (autogestión)
- *Eigenverantwortung* (autorresponsabilidad)

Subsidiariedad

Este principio tiene su origen en la doctrina social de la Iglesia católica. De ahí ha ejercido influencia tanto en la organización de la sociedad (ayudando a la descentralización) como en la gestión de las empresas (origen de la «facultación» o *empowerment*).

El principio de subsidiariedad dice que la toma de decisiones se tiene que ubicar lo más abajo posible, es decir, cerca de donde se generan los problemas. Por ejemplo, si un feligrés desea confesarse, según el principio de subsidiariedad no necesita acudir al papa de Roma, sino que tiene que poder acudir a un párroco de su comunidad.

> **Según el principio de la subsidiariedad, los empleados deben poder tomar las decisiones correspondientes para solucionar los problemas que caigan dentro del ámbito de su radio de acción, respetando los valores y normas que rigen la empresa.**

Este principio es sumamente útil, ya que evita tener que pedir permiso al superior para problemas que uno mismo puede solucionar. Para ello se necesita estar debidamente formado y facultado.

El principio de subsidiariedad, por tanto:

- Incrementa el ritmo empresarial, ya que acelera la toma de decisiones.
- Evita cuellos de botella y dependencia jerárquica innecesaria («le preguntaré a mi jefe; venga usted mañana»).
- Incorpora la capacidad de cada empleado de contribuir a la solución de problemas.
- Motiva a los empleados, al facultarlos más.
- Mejora el servicio al cliente.

Ahora bien, para que el principio de subsidiariedad funcione bien tiene que estar sustentado en los otros dos principios, la *Eigenständigkeit* (autogestión) y la *Eigenverantwortung* (autorresponsabilidad)

Autogestión

Este concepto es similar al de alto grado de autonomía. Es ser «capaz-de-estar-parado-sobre-tus-propios-pies».

El sentido básico de este principio es que una persona sea capaz de:

1. Discernir, analizar y tener criterio propio.
2. Diferenciar entre lo urgente y lo importante.
3. Encarar un problema, formular un diagnóstico y encontrar soluciones.
4. Saber dónde está el límite de su autogestión, y por tanto saber cuándo acudir a su superior.
5. Usar el criterio para afrontar, con el valor que se requiere, situaciones desafiantes de forma consciente y profesional.
6. Evitar delegar hacia arriba.

La autogestión tiene un componente tanto profesional (saber y saber hacer ciertas cosas) como humano (tener valor y capacidad crítica, actuando conforme a los valores de la organización).

Por tanto, vemos que sin personas con autogestión no es factible aplicar el tan útil y rentable principio de la subsidiariedad (*empowerment*, descentralización). Y ambos son prácticamente imposibles sin el tercero: la autorresponsabilidad.

Autorresponsabilidad

En la cultura latina, en general nos educan para ser responsables ante terceros: somos responsables ante padres, maestros, jefes y la sociedad. Con la autorresponsabilidad uno debe asumir ante sí mismo tanto las riendas de lo que hace como sus consecuencias.

La «auto-respons-habilidad» es pues la capacidad de responder por uno mismo a situaciones y problemas. Es mi capacidad de respuesta.

Se trata de internalizar, tomar consciencia y asumir la responsabilidad por:

- Mis pensamientos, actitud y actos
- Mis decisiones
- Sus consecuencias

Es el concepto alemán del *accountability*. En caso de error, las justificaciones posteriores no son válidas y son tomadas más bien como evasiones de la propia responsabilidad. En cuanto a los aciertos, es muy útil y fácil responsabilizarse por ellos y así seguir reforzándolos para alimentar una sana autoestima profesional.

Respecto a los errores, lo importante es no evadirlos, sino llegar a dar con la causa-efecto que los produjeron y meternos una «vacuna de aprendizaje» para la próxima. Así asentaremos las bases de una mejora continua.

Sin la autorresponsabilidad buscaríamos la responsabilidad fuera de nosotros. Si nosotros hemos tomado la decisión y hemos iniciado el acto, la responsabilidad debe estar ligada a nosotros mismos.

Aplicar estos tres principios crea organizaciones más efectivas, mejores equipos y también mejores personas, ya que cuanto más nos responsabilicemos, mejores nos volvemos, más conscientes de nuestros actos y de nuestra contribución hacia el bienestar colectivo. Todos ganan.

PUESTA EN PRÁCTICA DE LOS PRINCIPIOS DE LA GESTIÓN ALEMANA

En este apartado abordaremos el «cómo». Es decir, cómo podemos hacer que estos 3 principios formen parte práctica de la cultura de nuestra empresa, y por tanto del comportamiento de nuestros directivos y empleados.

La responsabilidad de implementar el principio de la subsidiariedad (descentralización, *empowerment*) recae en los niveles altos de la empresa. Es una decisión estratégica de alto nivel que afecta a la filosofía y la cultura de la organización. Hay que asumirla como una voluntad inequívoca de política empresarial.

> **La decisión es básica:**
> **queremos que el sistema que rige la empresa**
> **sea un sistema descentralizado o más bien**
> **centralizado-controlador.**

A más deseos de control, más centralismo. A más centralismo, más acumulación de poder y decisiones. A más acumulación de decisiones, menos subsidiariedad, y normalmente más burocracia, más lentitud, más orientación a reglas internas y menos foco (de los empleados) en el cliente como centro. La empresa se vuelve más lenta.

En muchas decisiones empresariales, sobre todo en empresas familiares-paternalistas y multinacionales que sufren de una rigidez controladora, los empleados tienen que acudir a instancias superiores para que tomen decisiones sobre aspectos diarios que bien hubieran podido adoptar ellos mismos.

El centralizar decisiones da a los altos niveles de una empresa una mayor sensación de control, de influencia sobre la calidad y el rumbo de la organización, produciendo una tranquilidad aparente ante la aminoración de posibles riesgos. Sin embargo, el precio que pagan, en un mundo cada vez más rápido, es muy elevado: lentitud de los procesos internos, poca capacidad de respuesta rápida al cliente y merma de la motivación de los empleados. El principio de subsidiariedad agiliza la empresa e inyecta motivación a los empleados. La autogestión y la autorresponsabilidad reflejan actitudes de la persona. No es algo que se decreta, ni son atributos de un sistema, sino cualidades humanas cuya existencia hay que chequear y fomentar.

Ahora bien, si la empresa desea operar de forma centralizada, estos dos aspectos no son tan importantes; hasta podrían ser contraproducentes, porque los empleados que tengan un sano criterio propio y sentido de autorresponsabilidad no se van a sentir bien en una empresa que no les permita tomar decisiones y no les dé oxígeno para que se desarrollen en un marco adecuado de libertad de acción. Por otra parte, la dirección se sentirá incómoda con un personal de corte poco sumiso.

Autogestión y autorresponsabilidad son muy difícilmente desarrollables en la empresa. Tampoco es rol de la empresa invertir en su desarrollo y no suele ser rentable.

¿Qué nos queda entonces? 5 pasos a seguir:

1. Selección
2. Inducción
3. Refuerzo
4. Evaluación
5. Premiación

Paso 1. Selección

Contrate a personas que dispongan ya de estas cualidades. No se trata de entrenar o capacitar a personas para que sonrían ante el cliente, sino de contratar a aquellas que sonrían de corazón y disfruten con lo que hacen. Para ello tendremos que incorporar la autogestión y la autorresponsabilidad en los criterios de selección.

Paso 2. Inducción

Dígales a sus nuevos empleados cuando ingresen que en su empresa los 3 principios de la gestión alemana (subsidiariedad, autogestión y autorresponsabilidad) son importantes, cómo se traducen en la práctica y que se medirán en la evaluación de su desempeño. Dígales también que los practiquen si desean ser exitosos.

Paso 3. Refuerzo

Capacite a sus niveles directivos y con capacidad de supervisión en coaching para que aprendan a reforzar las actitudes deseables en sus empleados de forma motivadora y correctora. Conviértalos en líderes *coaches*.

Paso 4. Evaluación

En la evaluación del desempeño pregúntese si el empleado cumple con su RdS (razón de ser) aplicando la autogestión y la autorresponsabilidad. No basta con evaluar metas y objetivos numéricos; evalúe si sus gerentes y directivos predican con el ejemplo (*walk the talk*).

Evalúe y converse abiertamente con el evaluado sobre fortalezas y aspectos a mejorar en materia actitudinal.

Paso 5. Premiación

Premie y festeje. Ambas cosas en forma grupal. Divulgue los logros. Invéntese premios emocionales y materiales. Premie la iniciativa, la innovación, el criterio propio, la irreverencia mental que lleva a mejoras internas, la detección de errores, el aporte de soluciones y la actitud de responsabilizarse por los resultados.

Cuanta más posición jerárquica tenga en una empresa, más responsabilidad tendrá en la implementación de estos 3 principios, tanto en sí mismo como en su equipo. Asuma su responsabilidad y disfrute de los resultados.

Copie a los alemanes. Por algo han llegado a ser una potencia mundial.

GESTIÓN VS. CARPINTERÍA

Llamemos «carpintero» a todo experto que ejecuta una tarea. El foco de un buen carpintero es ser un profesional en lo que hace y ejecutar con excelencia. El de un gerente, velar por que el carpintero lo haga bien. En resumen: hacer-hacer y hacer.

Definamos la gestión como el ámbito conductor y la carpintería como el ámbito ejecutorio.

Pocas veces tomamos consciencia de que gestión y carpintería se diferencian por:

- Ser canchas con juegos distintos.
- Tener destrezas y conocimientos complementarios.
- Tener principios de funcionamiento diferentes.
- Tener desafíos y responsabilidades también distintos.

Pongamos la lupa en sus principales diferencias.

Carpintería

En esta cancha se necesitan principalmente:
- Conocimientos especializados (profundos, verticales).
- Saber hacer (no solo ser experto, sino también saber ejecutar).
- Asumir responsabilidad operativa (como ejecutor).
- Centrarse en uno mismo, en el trabajo asumido.
- Trabajar con espíritu de equipo.

Gestión

Por otro lado, el juego en la cancha directiva se caracteriza por:
- Una visión global-integral (horizontal, manejo de la complejidad interdisciplinaria).
- Capacidad de abstracción y síntesis (vs. detalles).
- Liderazgo y administración (las personas se lideran y los recursos se administran).
- Saber delegar (hacer hacer) y supervisar.
- Liderar carpinteros que en áreas específicas saben más que uno.

Estas dos canchas son muy diferentes en esencia, por lo que la primera conclusión es que no hay garantía de que el que sea bueno en una lo sea también en la otra.

(Ojo, que puede haber personas que dominen ambas canchas).

He conocido a expertos carpinteros que fueron promovidos por su extraordinario desempeño y fracasaron como gerentes (Principio de Peter), y a gerentes exitosos que cuando se vieron obligados a desempeñarse como expertos carpinteros no dieron la talla (anti-principio de Peter).

¿Por qué ocurre esto? Los buenos carpinteros en la mayoría de las empresas son premiados con un ascenso jerárquico, con lo que incursionan en niveles con responsabilidad de supervisión y dirección. En algunas organizaciones, además, por la rigidez estructural del sistema de remuneración no pueden aumentarle el sueldo a un buen carpintero si no lo ascienden, con lo cual lo empujan a un cargo y desafío directivo para el cual no está preparado y puede que ni se sienta cómodo en él. Pareciera que existiese un patrón de pensamiento tácito que rezara: «Él es excelente como carpintero; vamos a ascenderlo».

Por eso, en muchos casos, por no considerar estas diferencias, al promover a un carpintero y subirlo de cargo perdemos a un excelente carpintero para ganar a un mal gerente. No es buen negocio para nadie.

Si usted, amigo lector, desea evitar este fenómeno en su empresa, considere:

• La diferencia entre gestión y carpintería.
• Evaluar a su personal antes de promoverlo.
• Desarrollar las habilidades necesarias antes de lanzarlos al agua con un cargo directivo.

En síntesis: la carpintería tiene como principal desafío el ejecutar, mientras que para la gestión es conducir para que otros ejecuten.

Para ello la gestión tiene que saber de liderazgo y de cómo funcionamos los seres humanos. Y esta es la materia que la mayoría de los profesionales menos estudiamos.

Una de mis frecuentes preguntas es, ¿cuántas horas ha dedicado usted a estudiar temas técnicos, manejo de ordenadores, programas, procesos, tablas, reportes, etc.? Y en comparación con ello, ¿cuántas horas ha empleado usted en el estudio del ser humano, sus motivaciones y qué es lo que lo mueve en general?

Pareciera que uno de los mayores embustes sobre este tema nos lo sembraran en el colegio cuando definen al ser humano como un «animal racional». El problema radica en que nos lo creemos. El ser humano, parafraseando a Platón, es un ser racional, emocional y espiritual y, a no ser que podamos comprenderlo en sus tres dimensiones, nos costará mucho (por no decir que será imposible) conducirlo adecuadamente.

Si usted ocupa una posición directiva, invierta en estudiar el comportamiento humano de forma integral. Le será más útil que acumular maestrías y PhD's.

Se lo garantizo.

EMBUSTES DIRECTIVOS

Un embuste es como una mentira, pero no tiene esa fuerza de querer engañar a nadie a propósito, sino que caemos en él en muchos casos por ignorancia o ligereza de conciencia en cuanto a lo que creemos y decimos.

Frases lapidarias que oímos decir a jefes, altos ejecutivos y profesores en las escuelas de negocios fácilmente se pueden convertir en embustes si las adoptamos sin que pasen por el filtro de nuestro propio criterio. Sencillamente las tomamos y las usamos como si fueran una ley universal de la cual no tiene sentido dudar.

Hay una serie de máximas directivas que caen en la categoría de embustes o mitos. Tienen la siguiente característica: suenan bien e impresionan, sobre todo cuando las decimos con tono de autoridad en el momento adecuado, pero no por ello dejan de ser embustes. Sus consecuencias son nocivas para la empresa, para el cliente y para la motivación de los empleados.

Cabe preguntarse entonces por qué las seguimos diciendo. Porque no nos hemos detenido a dudar de ellas y basándonos en la virtud de la obediencia, creemos que estamos en lo correcto.

Un embuste nos aleja de la verdad. Por eso es dañino. No lo es solo por su dimensión ética, sino sobre todo por la práctica. La verdad libera y nos hace más exitosos. Si usamos reglas de juego que no responden a la verdad será más difícil lograr los resultados que nos proponemos.

Veamos 3 embustes frecuentes:

- El orden de los factores no altera el producto.
- El cliente siempre tiene la razón.
- La responsabilidad no se delega.

El orden de los factores no altera el producto

Embuste. Por lo menos en el mundo empresarial.

El único ámbito donde no es mentira es en álgebra: 2x3 = 3x2. Y ni ahí es verdad del todo: no es lo mismo 3 dividido por 2 que 2 dividido entre 3. Es peligroso tomar una máxima de una disciplina y aplicarla a otra sin verificar su veracidad.

Ya conté como en una empresa de seguros que necesitaba 22 días para emitir una póliza logramos, con el rediseño del proceso (¡sin inversión tecnológica!), reducir ese lapso a

3 días hábiles. Lo único que hicimos fue evitar duplicidades en el trabajo ordenando los pasos del proceso en una secuencia más apropiada. Esa empresa hoy es líder del mercado asegurador (20 %) en un país latinoamericano.

¿Cuánto trabajo duplicado podríamos evitar en nuestras empresas y cuán eficientes podríamos llegar a ser si nos preocupásemos por ejecutar los procesos en la secuencia más idónea?

**El orden de los factores sí altera el producto.
No es lo mismo ducharse y secarse que
secarse y ducharse.
No es lo mismo ponerse protección y hacer
el amor que hacer el amor y después ponerse
protección. Y si no, espera 9 meses.**

El cliente siempre tiene razón

Embuste. Sobre todo por lo de la palabra «siempre». Sencillamente no es verdad que sea «siempre». Hay clientes que reclaman derechos y garantías que no les corresponden.

Otra cosa es decir que «el cliente es el rey», que «hay que hacer sentir importante a cada cliente», que «en nuestra empresa cada cliente es especial y hay que hacérselo sentir».

Personalmente he observado como un superior le llamaba la atención a un empleado delante del cliente aduciendo que «el cliente siempre tiene razón», cuando en ese caso específico, no la tenía.

Los efectos en ese empleado que actuó correctamente y en defensa de la empresa fueron devastadores: confusión, rabia y, por ende, desmotivación. El gerente quiso quedar bien con el cliente por haber seguido una máxima falsa.

La responsabilidad no se delega

Embuste. A mí también me enseñaron esta máxima directiva. Por mi parte cometí dos errores: me la creí y además me la aprendí. La práctica me enseñó que no es verdad. La responsabilidad hay que diferenciarla, delegar la delegable y asumir la no delegable. Es decir, si usted es directivo o supervisor, tiene que delegar la responsabilidad operativa y asumir la directiva. Piénselo: si la responsabilidad no es delegable, ¿quiere decir que el que ejecuta el trabajo está libre de toda responsabilidad? Eso no es verdad.

> **La responsabilidad operativa es la que asume la persona que ejecuta una tarea. La responsabilidad directiva es de quien la dirige y supervisa. Cada cual tiene que cargar con la suya.**

Por eso, seguir repitiendo que «la responsabilidad no se delega» es un grave error que se paga con ineficiencia interna. Hay que tener mucha claridad en este punto, ya que la claridad potencia la efectividad organizacional y tiene un efecto positivo sobre la motivación y la rentabilidad.

Sugiero ser más conscientes de estos embustes directivos y no seguir repitiéndolos. Son dañinos tanto para la empresa como para los empleados, así como para la calidad del servicio que queremos ofrecer a nuestros clientes.

Dude, cuestione y use su propio criterio: no siga repitiendo máximas que no son útiles solo porque son *vox populi* o porque ciertos gurús siguen repitiéndolas.

No se olvide de que la verdad libera y nos acerca a la prosperidad y al éxito.

La verdad por delante.

Es provechoso recordar que cada disciplina tiene sus propias leyes que la rigen. El desconocimiento de dichas leyes no nos protege de su cumplimiento y efectos.

Si usted se tira de un ático convencido de que «a mí la ley de la gravedad no me afecta» igual habrá que recogerlo abajo con pala y escoba.

Recuerde: un embuste repetido miles de veces no nos protege de la ley que alberga.

***

Después de los 3 embustes anteriores:

- El orden de los factores no altera el producto.
- El cliente siempre tiene razón.
- La responsabilidad no se delega.

Vamos a tratar 3 embustes adicionales:

- La verdad duele.
- Mente positiva siempre.
- No me traiga problemas, tráigame soluciones.

La verdad duele

Este enunciado tan categórico enfoca la mente en el dolor que conlleva el hecho de comunicar una mala noticia. Por lo cual, como no nos gusta producir dolor, este enunciado nos lleva a tres alternativas:

1. A no decir toda la verdad
2. A disfrazarla (para que sea más potable)
3. A cambiarla

La máxima correcta es que «la verdad libera». La verdad nos proporciona claridad. Y claridad es igual a poder. Poder es la capacidad de actuar.

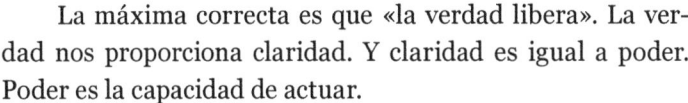

**Si no conozco la verdad,
no tengo la capacidad adecuada para actuar.**

Para influir en mi mercado, clientes o empleados, tengo que saber de verdad cómo piensan y sienten. Si me aferro a embustes, solo porque la «verdad duele», mi solución no tendrá una base real.

Mente positiva siempre

Este embuste es altamente dañino por lo generalizado de su difusión y uso. Hay que diferenciar 3 tiempos: pasado, presente y futuro. El pasado y presente tenemos que verlos con realismo. No con optimismo, ni mente positiva, sino con realismo. Si usted está cruzando la calle y se le viene encima un camión sin frenos, por favor, sea realista: está en peligro. Apártese. En ese momento no se autoengañe con un: «Mente positiva, ohmmmmmm».

Si las cifras de su empresa no son buenas, si pierde cuota de mercado, si la motivación de sus empleados está por los suelos, sea realista, reconózcalo, analícelo y mejórelo. Vea la realidad tal cual es. Solo así tendrá una buena base para mejorarla.

Donde sí podemos usar la mente positiva es en la construcción de nuestro futuro. Pero solo ahí. Las cosas se crean dos veces, una vez en lo intangible (la mente) y luego en lo tangible (la realización). Por eso la mente positiva es tan importante en la imaginación del futuro. Pero esto solo funciona si vemos la base de la que partimos (el presente) tal cual es, sin disfraces, sin distorsiones.

....

**Mente realista para el presente y el pasado,
y mente positiva para el futuro.**

....

No me traiga problemas, tráigame soluciones

Este es uno de los embustes directivos más propagados y dañinos que hay. Esta máxima a su empresa le puede costar hasta la existencia. Muchos incluso les dicen a sus empleados: «Hasta que no tenga una solución no me venga con problemas. Tengo mucho que hacer. Analice su problema y venga cuando tenga 2-3 alternativas».

Es por eso que muchos no denuncian los errores en fase embrional y muchos gerentes no se enteran de problemas cruciales a tiempo. Cuando estos suben ya es tarde y su solución muy costosa. Imagínese que usted trabaja en una central nuclear, sabe que por un error hay una fuga de radioactividad, pero como su jefe no acepta problemas sin que tenga 2-3 soluciones, sencillamente se lo calla hasta que no dé con ellas.

Como consecuencia, a veces las compañías tienen que extender su garantía a los últimos 250.000 vehículos o a las 500.000 llantas que salieron de fábrica. Alguien en la línea de producción habría percibido algo, pero como no pudo proveer en ese momento la solución adecuada se lo calló para no exponerse a que el jefe (con aire de estar muy ocupado) lo regañase: «No me traiga problemas, tráigame soluciones».

Felicite a sus empleados por traerle problemas reales y desnudos, claros y precisos. Prémielos si además le aportan soluciones. Tutorícelos para dar con las soluciones.

Un embuste repetido un millón de veces no se convierte en verdad.

Amigo lector: enchufe su irreverencia mental, es decir, su propio criterio, y no se crea todas las máximas que le repiten, sobre todo si son directivas.

Abordemos tres embustes adicionales:

- Habla más que un vendedor
- Gestión del tiempo
- El jefe es el que manda

Habla más que un vendedor

Pareciera que la fórmula de la venta se basase principalmente en hablar y llenar al cliente de información acerca de su empresa, nuestros productos, la importancia de nuestra marca y destacarnos de nuestros competidores. En fin, de hacerle ver que somos «la tapa del frasco».

Pues lo principal no es eso; lo esencial es dar con la verdadera necesidad del cliente y satisfacerlo mejor que cualquier otro.

Para ello debemos indagar sobre el mismo y averiguar las causas y motivaciones que lo llevan a querer invertir en la compra de un producto o servicio. Cuanto mejores seamos en esa fase, más posibilidades tendremos de que el proceso de venta sea exitoso. No se trata de venderle un peine a un calvo, sino de que el cliente sienta que entendemos sus necesidades, las hagamos nuestras y que nuestro producto y servicio sea el que le produzca el mejor resultado.

El cliente quiere incrementar su bienestar y éxito a través del producto que compra. Tenemos que ayudarlo en eso.

**Un buen vendedor es un asesor de su cliente.
Y para ello la herramienta más potente
es la pregunta.**

Si en el proceso de venta nos dedicamos a hablar, sencillamente desaprovecharemos la posibilidad de escuchar. Hablar y escuchar trabajan inversamente. Para entender hay que escuchar, y para averiguar la parte que nos interesa hay que saber preguntar.

La principal destreza de un vendedor es la pregunta y el sano interés en hacer más exitoso a su cliente. Para ello hay que preguntar, escuchar, sentir y ponerse en los zapatos del cliente. No es hablar.

Cuanto mejor encaje nuestro producto/servicio con las necesidades sentidas por el cliente, tanto más exitosa será la venta. Para ello lo mejor que podremos hacer con el tiempo disponible para la venta será indagar, indagar e indagar. Tanto expectativas como posibles temores.

**No se olvide: la prioridad de un vendedor no
es hablar, sino formular buenas preguntas,
escuchar, entender y después ofrecer.
Pruébelo y verá.**

Gestión del tiempo

El título insinúa que podemos influir en el tiempo. Sin embargo, amigo lector, considere lo siguiente:

- Todos los días tienen 24 horas
- El tiempo no es almacenable
- Fluye con o sin nosotros
- Está disponible para todos por igual
- En cualquier parte del mundo
- Para ricos y para pobres
- Para gente proactiva y reactiva

Lo que realmente dirigimos es a nosotros mismos. Lo que dirigimos es nuestra percepción y el uso del tiempo. Para ello lo crucial son la claridad y la organización de nuestras prioridades, tanto en el ámbito personal como laboral. La gestión del tiempo es un desafío contra nosotros mismos y nuestros hábitos en cuanto a la armonización entre:

- Lo importante y lo urgente
- Lo personal y lo profesional
- El trabajo y el ocio
- El consumo y la inversión
- La lentitud o la rapidez
- La pasividad y la actividad
- El atrevimiento y el temor
- El análisis y la acción

Para todo hay un tiempo. Somos nosotros, a través de nuestro diseño de vida, los que debemos elegir qué hacer y priorizar las 24 horas disponibles del día que irremediablemente fluyen a su ritmo.

Lo que sí podemos gestionar es nuestra percepción y manejo del tiempo. Y la percepción se vuelve más realista cuando no permitimos que los dos principales ladrones de tiempo nos dominen, a saber: el pasado y el futuro.

El poder de la conciencia y el poder de la acción están siempre en el presente. No es el tiempo lo que dirigimos, sino nuestra mente, su enfoque y sus prioridades.

El jefe es el que manda

A este embuste le atribuimos tanta validez que así están diseñados los organigramas: los jefes en las casillas de arriba. Si alguien que no sabe de organigramas pregunta: ¿quiénes son los que están arriba y quiénes los que están abajo? Bueno, los de arriba...

- Mandan más
- Tienen más poder
- Deciden más
- Ganan más

Sinceramente, hay que hacerse la siguiente pregunta: ¿quién es el que realmente manda en una empresa, sin el cual la empresa dejaría hasta de funcionar?

El cliente.

¿Y dónde está el cliente en el organigrama?

Déjese de jerarquías y cuando abra su propia empresa recuerde que el que manda es el cliente.

No se deje llevar por embustes repetidos hasta la saciedad.

PRODUCTIVIDAD

EL EGO, ESE EXTRAORDINARIO ROEDOR

El ego es un roedor invisible y altamente eficaz. Posiblemente el factor que más rentabilidad erosiona a las empresas. A veces pasa desapercibido porque estamos demasiado acostumbrados a él. Pero los tiempos están cambiando y ha llegado la hora de afirmar que «el rey está desnudo».

Empecemos clarificando conceptos: qué es ego, qué es autoestima, y en qué se diferencian.

La autoestima es la consciencia humana, y se basa en dos pilares: «Soy capaz» y «soy digno de amor» (amar y ser amado). Aquellos que tienen una sana autoestima poseen una mayor capacidad de soñar y materializar sus sueños, pues confían en que lo lograrán y que, además, se lo merecen. Es la gente que construye futuro desde una sana confianza en su potencial.

Mientras que el ego, «yo» en latín, es un falso-yo. Es ese cascarón que le montamos a nuestra verdadera identidad para vendernos mejor. Es cómo deseamos ser vistos y cómo nos vendemos ante terceros. El ego suele crecer y manifestarse para compensar el déficit de autoestima, así como tapar los profundos miedos a los que no deseamos enfrentarnos. El ego es un mecanismo de protección para los que todavía no han descubierto su verdadera esencia. El concepto más familiar relacionado con el ego es el egoísmo. Este artículo va más allá del de egoísmo (según la RAE, inmoderado y excesivo amor a uno mismo, que hace atender desmedidamente al propio interés, sin cuidarse del de los demás) y utiliza la expresión «mente egoica», que representa mejor eso que es capaz de desencadenar una mente regida por el ego.

Una mente egoica necesita sentirse importante y busca cómo manifestarlo en su comportamiento, sus relaciones con los demás y sus decisiones. Para ello tenemos que tomar consciencia de que la razón de ser del ego es «alimentarse a uno mismo». La mente egoica piensa primero en el «yo» y quizás después en el «nosotros». Su principal motor suele ser el poder por encima del logro, y usará todo logro para ampliar su poder.

Pero seamos justos: el ego puede manifestarse de forma positiva o de forma tóxica. Un ego positivo es aquel que quiere demostrar todo lo que puede lograr, y lo hace sin perjudicar a nadie, mientras que un ego tóxico es el que lo hace a costa de los demás. Este es el más frecuente.

El ego, por tanto, no es el problema en sí, sino su tamaño y qué estamos dispuestos a hacer para alimentarlo.

El ego es una fuerza interna motivadora; el problema es que muchos lo satisfacen con comportamientos cuyos resultados restan y no suman.

Hoy se sabe que el ego alimentado por las ansias de poder es adictivo y genera la misma sensación de «felicidad» que ciertas drogas. Sin proponérselo conscientemente la persona seguirá buscando esa sensación.

Estamos en modo ego cuando queremos tener razón por tener razón, cuando la jerarquía se nos sube a la cabeza, cuando atamos nuestro bienestar psicológico a nuestra opinión y a la aceptación de esta, cuando nos sentimos superiores a los demás, cuando las cosas hay que hacerlas «por narices» o porque «lo digo yo».

¿Cómo aflora el ego en las organizaciones? Lo enumero con algunas preguntas:

- ¿Has participado en reuniones de 2 horas que se hubieran podido realizar en 30 minutos?

- ¿La gente en tu organización va a reuniones principalmente a escuchar, aprender y aportar, o a defender su punto de vista?

- ¿Has puesto argumentos profesionales sobre la mesa pero al final se ha decidido lo que quiere el jefe? ¿El jefe se apropia de tus decisiones?

- ¿Sabes de casos en los que los logros son del equipo pero el que sale en la foto es el jefe?

- ¿Hay personas en la organización que en lugar de describir hechos lanzan opiniones y juicios?

- ¿Sabes de gente que retiene información para mantener el poder?

Y así podríamos seguir *ad infinitum*. Todo esto es producto del ego. Este eficientísimo roedor produce...

- Desperdicio de tiempo.
- Merma de motivación (frustración).
- Heridas emocionales y pases de factura.
- Erosión de la confianza y hasta miedo.
- Desgana y pérdida de foco.
- Desvinculación emocional de la empresa.
- Lentitud organizacional.
- Corrosión de la rentabilidad de la empresa desde dentro.

El mismo organigrama tradicional es una catedral al ego. Mi propuesta es que si el que realmente manda es el cliente (pues de sus decisiones depende si sobrevivimos), entonces por qué no incluir al mismo en el organigrama y ponerlo bien arriba. Encima de todos nosotros. Y los líderes abajo del todo. De eso se trata el liderazgo moderno, de convertir a los líderes en servidores de su equipo.

Un jefe egoico mantiene a su equipo en un estatus de bonsái; un líder servidor les convierte en un gran y bello árbol de caoba.

La pregunta es, ¿cómo manejar el ego en las organizaciones? 3 pasos cruciales:

1. **Selección:** incluir la medición de la autoestima y del ego entre los parámetros de selección. Dejar entrar en la empresa solo a personas que posean un ego manejable, es decir, con buenas dotes de humildad, que antepongan los deseos de logro grupal a su motivación por el poder.

Que antepongan el «nosotros» al «yo». Y eso es medible (nunca, nunca contrates a alguien, y mucho menos si es brillante, cuyo principal motor en la vida sea el poder y no el logro. Tenderá a destruir al equipo y, con el tiempo, a la empresa por dentro).

2. **Inducción:** llamamos inducción al proceso de introducción de empleados nuevos a la empresa, su cultura y dinámica. En la inducción, aparte de explicar el ADN de la empresa, sus valores, políticas de calidad, etc., hay que incluir la lista de los «no-negociables». Una vez explicados, todo empleado deberá firmar a sabiendas de que si con su comportamiento viola alguno de ellos acabará de firmar su carta de (auto)despido. En esa lista de «no-negociables», que debe ser confeccionada a la medida de cada empresa, hay que incluir comportamientos egoicos como la burla, la ironía y el sarcasmo tóxicos, así como el maltrato, entre otros.

3. **Formación:** incluye en tu programa de formación la parte humana. La humildad y la orientación al logro en equipo deben ser pilares fundamentales de esa formación. Invierte en ello.

No te olvides de que el ego...
- Siempre querrá tener razón.
- Se querrá sentir superior a los demás.
- Querrá destacar (muchas veces burlándose de otros y no reconociendo sus logros).
- Generará posibles conflictos donde no deberían existir, solo para sentirse importante.
- Fomentará una nefasta competitividad interna.
- Hablará mal de sus antecesores y querrá cambiar lo que hicieron... Criticará a espaldas.

- No estará abierto a criterios, pero sí a opiniones y juicios que concuerden con los suyos.
- Impondrá su jerarquía ante los argumentos.
- Se creerá con derecho de maltratar y herir a las personas (y lo justificará).
- El »yo» le será más importante que el «nosotros».

En las organizaciones donde florece el ego puede ser que al principio mejoren los resultados, pero con el tiempo los talentosos y humildes se irán y los mediocres (aduladores) se quedarán. Gran factura a la rentabilidad.

Por otra parte, toda «persona-que-conduce-a-otra» que sucumba a su propio ego se perderá el placer de conocer a sus subalternos desde la autenticidad, desde su verdadero potencial y talento, ya que estos tienen dos opciones básicas: o se amoldan al comportamiento que espera de ellos el jefe (que no concuerda con su naturaleza) o abandonar la organización.

También cabe mencionar que, como detrás del ego hay un profundo temor escondido, hay personas que solo sacan a relucirlo cuando les tocan ciertas teclas. Pareciera que en esos puntos específicos la mente egoica se apoderara de ellos. Como si les cambiasen el chip mental. Eso suele ser muy desconcertante y siempre va ligado a altos costos organizacionales. Es mucho más calculable y llevadero alguien que constantemente saca a relucir su ego que alguien que lo hace esporádicamente.

Preguntas cruciales para tu organización:

- ¿Sabes cuánto le cuesta (en tiempo, rentabilidad y motivación) la presencia de egos?
- ¿Has incluido la medición de la autoestima y del ego en los parámetros de selección?

- ¿Tienes clara la lista de «no-negociables» en tu empresa? ¿La tienes por escrito? ¿La han firmado todos tus empleados, directores y dueños incluidos?
- ¿Has excluido de la selección a cualquiera cuyo principal motor en la vida sea el poder y no el logro?
- ¿Tienes en tus planes de formación (aparte de la capacitación técnica) un capítulo sobre la calidad humana, la empatía y la humildad?
- ¿Ya has invertido en tu organigrama?

Hazlo y te prometo resultados palpables. Anótalo.

OJO CON LOS «CLOCHES»

Cloche deriva del inglés *clutch*. *Cloche* es como en el Caribe llamamos al embrague. Pedimos permiso a la RAE para acuñar este término como herramienta directiva. *Cloche* sería pues equivalente a embrague.

Llevo unos 15 años desarrollando y aplicando la metodología del *cloche* en las empresas para incrementar su productividad, diferenciando entre el estar ocupado y el ser productivo. Me baso en lo siguiente:

Cuando arrancamos un vehículo sincrónico necesitaremos meter el *cloche* (embrague) para pasar de primera a segunda. La fuerza, el empuje, y por tanto la productividad, en sí están en las marchas; sin embargo, no podemos acceder (conectar) a una marcha superior (o inferior) sin pasar por el *cloche*. Llamaremos a las marchas *labor* (de labor productiva) y a los *cloches cloche*.

Cuando vamos por una carretera de subida y nos demoramos demasiado en meter el *cloche*, el vehículo se desacelera, y ahí nos damos cuenta de que por mucho que el *cloche* sea necesario, lo que mantiene al vehículo en movimiento es estar en *labor*, no el *cloche*.

No es lo mismo ser productivo que estar ocupado. Llamo *cloche* a toda actividad que no está alineada con nuestra RdS (razón de ser) y, por tanto, no contribuye a la productividad.

Resumiendo:

1. La productividad y la rentabilidad se producen en *labor* (en forma directa o indirecta).
2. Los *cloches* son necesarios para conectar una *labor* con otra. La concatenación de *labores* es lo que llamamos proceso. Con lo cual todo proceso contiene *cloches*.
3. Entre la *labor* de una persona y otra hay un *cloche*.
4. El *cloche* en sí, por muy necesario que sea, no crea valor agregado, sino que más bien:
   * Desacelera (merma la eficiencia).
   * Es fuente de fricción y fuga de energía (desgaste).
   * y, por ende, merma la productividad.

5. Y lo más importante: todo *cloche* come rentabilidad.

Veamos un ejemplo:
* Vendedor cierra la venta: *labor*.
* Facturación recibe información deficiente y factura con error: *cloche*.
* Cliente retorna factura: *cloche*.
* Facturación pide datos más exactos a vendedor: *cloche*.

- Vendedor complementa datos: *cloche.*
- Facturación vuelve a facturar, esta vez correctamente: *labor.*
- Cliente reconoce factura correcta y paga: *labor.*

Y así podríamos desglosar todas las actividades y procesos de una empresa.

Básicamente tenemos dos opciones en cuanto a los *cloches*:

- Eliminarlos
- Minimizarlos

Y también tenemos dos tipos de *cloche:*

- Internos (generados por la propia empresa).
- Externos (principalmente sobredosis de regulaciones gubernamentales y fiscales, así como, en menor grado, las generadas por proveedores y clientes).

Recuerda que la razón de ser de toda empresa es enriquecer con productos y servicios a la sociedad, con lo que toda actividad que nos mantenga ocupados pero que no aporte a aumentar la productividad es un *cloche.*

«Cloches» externos

Toda regulación gubernamental que no contribuya a elevar nuestra productividad es un *cloche* y hay que gestionarlo como tal: si no lo puedo eliminar es imperativo minimizarlo (automatizarlo o ir al *outsourcing*). La burocracia gubernamental es una generadora prolífica de *cloches.*

**Todo Gobierno
es un gran productor de *cloches.***

«Cloches» internos

¿Cómo gestionar los *cloches* en la empresa?

1. Forme a su gente en el teorema del *cloche*, hágalo parte de la cultura.
2. Incentive la detección de *cloches* a todos los niveles.
3. Active una pizarra en cada área donde la gente pueda ir apuntando *cloches* a medida que los vaya detectando.
4. Incluya el punto *cloches* en la agenda de las reuniones.
5. Si puede, y si su empresa lo amerita, nombre un CCDO (*Chief Cloche Detector Officer*). Le recomiendo que se componga de dos estudiantes o pasantes cuyas características sean:

- Una mujer y un hombre (su capacidad de observación es diferente).
- Que sean inteligentes, irreverentes, no-conformistas, emprendedores, detallistas y amantes de la flojera (tendrán gran tendencia a simplificar).
- Descarte a los aplicados-obedientes (estos suelen sentirse bien cumpliendo reglas innecesarias).
- Que reporten directamente al CEO, y que este los apoye en su investigación.
- Que tengan acceso libre a cualquier área de la empresa.
- Haga que su labor documentada en la empresa sea reconocida como parte práctica de su tesis de grado en la Universidad (cooperación empresa-Universidad).
- Que su estadía sea corta e intensa (3 meses).
- Al año (a más tardar a los dos años) repita, pero con otros estudiantes.

Pocas cosas son más frustrantes que estar orgullosos de que trabajamos mucho, cuando en realidad estamos sumergidos en *cloches* sin saberlo.

¿Qué domina tu día, la *labor* o el *cloche*? ¿Qué te cuesta más capital emocional, *labor* o *cloche*? ¿Qué te llena de sentido y propósito, la *labor* o el *cloche*?

Recuerda: por muy necesario que sea, todo *cloche* come rentabilidad.

El peligro es que nos acostumbremos a ellos y pasen desapercibidos; es más, que hasta lleguemos a enamorarnos de ellos, amarlos y defenderlos («siempre lo hemos hecho así»).

Después de leer este artículo empezarás a ver *cloches* en todos lados. Si los minimizas o eliminas donde sea posible te auguro un incremento de la productividad de entre un 20 y un 40 %.

¿Apostamos?

DIAGNÓSTICO: «REUNIONITIS»

El ladrón de tiempo número uno de las empresas medianas y grandes son las reuniones mal llevadas. En algunas pequeñas también.

Cuántas veces participamos en reuniones que duran 2 horas y salimos con el pensamiento: «Esto lo hubiéramos podido tratar en media hora o hasta menos».

La división del trabajo, las diferentes áreas de especialización, la interdependencia de funciones hacen necesario que nos comuniquemos y coordinemos. Eso está claro. Lo que sí tenemos que preguntarnos es:

- ¿Lo hacemos de manera eficiente?
- ¿Necesitamos tantas reuniones y tan largas?
- ¿Cuánto nos cuesta nuestra ineficiencia en las reuniones?
- ¿Cómo lo podríamos hacer mejor?

Aunque este capítulo no permite hacer todo un tratado sobre el manejo de las reuniones, sí abordaré algunos aspectos esenciales resultado de experiencias acumuladas en 21 países durante más de 3 décadas.

Las reuniones deben ser:
- Cortas
- Útiles
- Motivadoras

Aun las reuniones en las que se traten temas difíciles y conflictivos.

Reuniones cortas

Ante todo fije la hora final de la reunión. Sí, la hora final. La mayoría de las reuniones se prolongan innecesariamente porque no existe la presión de terminar a tiempo. Durante el Mundial de fútbol, las reuniones de 2 horas «de repente» se reducen a 35 minutos bajo el lema: «Vete al grano porque empieza el partido Alemania-España». Lo que funciona durante el Mundial puede funcionar todo el año.

Pase lo que pase, sea consecuente con la terminación de la reunión. Levántese a la hora indicada. Si no se pudieron tratar todos los temas agendados convoque otra. El efecto educativo es enorme.

Para fomentar la puntualidad al inicio, un excelente e ilustre amigo me confesó que pusieron como primer punto de la agenda el que más atracción emocional tenía para todos los participantes: «Chismes importantes». Nadie se quería perder ese punto. La puntualidad aumentó.

Reuniones útiles

Al inicio de cada reunión, el moderador recordará en voz alta:
* El sentido de la reunión (su razón de ser).
* El objetivo concreto (resultados a lograr con dicha reunión).
* Recalcar el tiempo disponible para ello (hora final).

No inicie reuniones sin estos puntos, sea una reunión de Junta Directiva, gestión, análisis, calidad o crédito.

El diálogo interno a evocar en los participantes debe ser claro: «Es más útil para mí ir a la reunión y compartir puntos de vista y decisiones que no ir y hacerlo por mi cuenta». Si usted puede generar estos pensamientos con sus reuniones es que va por buen camino.

Reuniones motivadoras

Estudie la motivación del ser humano y adapte los paradigmas motivacionales (ojo, no es una ciencia exacta) a las reuniones. Le funcionará. Un punto crucial que mueve la energía de los buenos profesionales es el deseo de alcanzar logros de los que puedan sentirse orgullosos.

La motivación está orientada hacia el futuro, no hacia el pasado.

Por esto es importantísimo manejar las 3 dimensiones de tiempo en una reunión. Las reuniones donde el excesivo análisis del pasado se instala para quedarse se hacen tediosas, poco productivas y frustrantes. Tres puntos cruciales para incrementar la motivación en las reuniones:

- Orientación hacia el futuro (no hacia el pasado).
- Enfoque mental hacia las soluciones, el aprendizaje y el progreso (no hacia la culpabilización y el excesivo análisis de errores).
- Celebración de los logros de equipo (gran deficiencia en las empresas).

Celebrar los logros en equipo es:
- Motivador.
- Muy valioso para la sana autoestima profesional.
- Necesario para crecer.
- Extraordinario para afianzar las buenas relaciones humanas.

Pregúntese con toda sinceridad:
- ¿Cuánto nos cuesta la «reunionitis» en nuestra empresa?
- ¿Cuánto más podríamos estar disfrutando y avanzando si nuestras reuniones fueran cortas, útiles y motivadoras?

De todas formas pregúntese frecuentemente: ¿realmente te hace falta esta reunión? Si no, sencillamente elimínela. Atrévase.

PERSONAS

LA SELECCIÓN ES VITAL

Cuando los grandes chefs internacionales, como Sumito o Arguiñano, aparecen en televisión deleitándonos con sus exquisiteces hay algo que no muestran: la adecuada selección y compra de los ingredientes.

Un buen chef sabe que la calidad de los ingredientes es decisiva para el manjar que van a preparar. Por eso los chefs seleccionan y supervisan ellos mismos los ingredientes y saben donde comprarlos. La receta, las ollas y el tipo de horno son importantes, pero créame, no podemos hacer una paella excelente con ingredientes que no lo sean.

¿Qué importancia estratégica le está dando usted a la selección en su empresa? ¿Están sus equipos de talento humano recibiendo el apoyo necesario para ello? ¿Están sus *head-hunters* instruidos y alineados en cuanto a la cultura y los retos de su organización?

Una buena selección es vital, pues nos provee de las personas idóneas para que la empresa/organización cumpla con la contribución social y la generación de riqueza para las cuales ha sido constituida (sea producción, comercio, servicio, sector público o privado, con o sin fines de lucro). Las técnicas de selección comunes (tests psicotécnicos, *assessments*, etc.) no son suficientes. Tenemos que repensar nuestras premisas considerando las necesidades del hombre moderno.

En este capítulo deseo referirme a una única pregunta adicional cuya repercusión puede arrojar resultados impactantes.

En el 99 % de las empresas la pregunta rectora en cuanto a la selección es: ¿es esta persona adecuada para el puesto que deseamos cubrir?

No es que esta pregunta no sea pertinente, pero es solo la mitad de la película. Otra pregunta, no menos importante, es que el trabajo y su correspondiente desafío sea adecuado para la persona que vamos a contratar. ¿Cómo contribuye el desafío profesional al proyecto de vida del candidato?

Las personas, en general, dan lo mejor de sí en aquellas empresas y puestos de trabajo donde sienten que a través de su trabajo podrán materializar sus sueños y proyectos de vida. Y este es el principal elemento motivador.

La gente no trabaja para una empresa; la gente trabaja fundamentalmente para su propio proyecto de vida y el de su familia.

Déjeme hacerle algunas preguntas:

- ¿Conoce su empresa los proyectos de vida de sus empleados al seleccionarlos?
- ¿Se interesa por ellos?
- ¿Es su empresa consciente de que va a obtener el mejor de los talentos y el compromiso de las personas cuyo trabajo esté alineado con su sentido de vida?

Si un empleado suyo no tiene proyecto de vida:
- ¿Le ayuda su empresa a aclararlo/definirlo?
- ¿Está su equipo de gerentes y supervisores formado para ello?

Interésese genuinamente por su gente y no podrá evitar que su gente se preocupe por usted y su empresa.
Piénselo.

***

En la primera parte abordamos la selección desde su perspectiva más estratégica. En esta segunda parte encontrará 5 sugerencias que le ahorrarán muchas frustraciones.

Empecemos con algunas preguntas:
- ¿Se puede hacer una paella excelente sin ingredientes excelentes?
- ¿Qué características tienen los ingredientes excelentes?
- ¿Cómo se ven, detectan y miden dichas características?

Lo más difícil es poder ver a la persona tal cual es. Ni mejor ni peor. Todo el mundo tiende a venderse como desea ser percibido, así como todos vemos en las otras personas aspectos nuestros proyectados en ellos. Adicionalmente, hay rasgos de personalidad que ni las entrevistas ni los *tests* detectan.

La selección es un fino arte. Y es beneficioso invertir en ello, pues es el momento más importante para la gestión estratégica de la motivación y la cultura que deseamos tener en nuestra organización. No es el único, pero sí el más determinante.

Si fuese fácil ver y conocer a una persona tal cual es no habría divorcios. Un ejemplo: dos personas se conocen; se caen bien. Empiezan a salir; tienen 3 años de noviazgo; se casan y a los dos años se divorcian, exclamando: «¡Pero con qué monstruo me casé!». Y eso que llevaban años conociéndose. No es fácil.

Tip 1. Idoneidad recíproca

Analice la idoneidad en ambas direcciones: ¿es esta persona apta para el desafío que tenemos en la empresa? y ¿es el trabajo/reto que le espera adecuado para su crecimiento y su proyecto de vida?

Tip 2. Aptitud

No contrate a nadie porque le parezca bueno o malo. No somos quienes para juzgar. Chequee más bien que la persona sea apta. Y la aptitud se compone de dos pilares: la parte profesional y la humana.

Las empresas en general contrastan más la parte profesional (qué sabe y qué sabe hacer) que la humana (actitudes y valores). Sin embargo, pregúntese: ¿qué es más fácil cambiar o pulir: la parte profesional o la humana? ¿Qué deberíamos asegurar mejor?

Tip 3. Lo visible vs. lo invisible

No se olvide de que nos vendemos por lo visible, pero que lo que nos rige es lo invisible.

Escudriñe muy bien (no es fácil) la parte invisible de los candidatos: qué valores tienen (no necesariamente los que dicen tener), cuáles son sus elementos motivadores en la vida, cuáles son sus sueños, cómo manejan sus relaciones, y, sobre todo, de qué tamaño es su ego.

Entre lo invisible –por los vientos que soplan– es importantísimo chequear si la persona alberga algún tipo de rencor (social, económico o de clases). Igualmente hay que detectar su actitud ante los problemas: es un eterno «aprendiz» o le encanta ser «víctima» (Ver capítulo Víctima o aprendiz).

Los errores en la comprobación de estos aspectos se pagan muy caros.

Tip 4. El «buen rollo» es vital

No contrate a nadie con quien usted y su equipo no tengan buena «química». Eso de que «ya nos iremos acoplando» no funciona. Pudiera funcionar con aspectos profesionales o racionales, pero en cuanto al «rollo» («buena vibra»), no.

Tip 5. Contrate a gente feliz

No contrate a gente complicada o amargada, por muy buen perfil profesional que tenga. Una empresa no es un «psiquiátrico», sino un lugar de crecimiento personal y profesional para aquellos que realmente deseen aportar y ganarse la vida honradamente. Todo crecimiento y estado de felicidad empieza por una decisión individual. También lo es la queja. Disculpe mi «francés», pero lo voy a decir sin pelos en la lengua: «La gente feliz no j...de». No se hace la víctima, no chismea, no trepa, no denigra, no da codazos para escalar posiciones. La gente feliz colabora, mantiene relaciones cordiales y sanas, y no proyecta sus heridas hiriendo a otros.

No se trata de contratar a personas a las que luego haya que cambiar: repito, la empresa no es un «psiquiátrico».

Contrate a personas cuyo cableado de personalidad concuerde con la cultura de empresa que desea.

Recuerde: hacer una buena selección no es barato: cuesta tiempo y recursos; pero, por otra parte, ¿cuánto nos cuesta una selección no adecuada? Una herramienta utilísima para ello es la grafología. Consígase un excelente grafólogo. Le cobre lo que le cobre, le va a salir barato.

Muchos de nosotros para trepar a un árbol contratamos a un pavo real, porque luce bien. Pero es preferible contratar a una ardilla.

Si no nos encontraremos un día ante la siguiente situación: tendremos un jabalí al cual tendremos que enseñar a cantar. Y van a pasar dos cosas: usted se frustra y el jabalí se enfurece.

¿Cuántos pavos reales y jabalíes tiene usted en su empresa?

Empiece a depurar desde el principio.

Y recuerde: la gente feliz no j...

NO RETENGA

Últimamente se ha puesto muy de moda todo lo relacionado con la «retención del talento». Sobre todo en áreas vinculadas con la informática y sus múltiples emprendimientos. Frases como «una de las principales cualidades de un buen líder es retener talento» no escasean en foros, *webinars* y libros.

Y es lógico que se desee retener talento, pues dos factores amenazan la prestación de servicios de informática: (1) el que no haya suficientes talentos formados ante una creciente demanda, y (2) que los jóvenes de hoy ya no aspiran a quedarse en una empresa como lo hicieran generaciones anteriores.

El talento joven, apenas se siente incómodo o insatisfecho en una empresa, no duda en buscar nuevos horizontes profesionales y elevar sus demandas económicas y de flexibilidad laboral. Es una *prima donna* y el mercado está a su favor. Está literalmente a sus pies.

Marco Martorell es un joven talento responsable de la digitalización de su banco, del cual ha recibido una hipoteca preferencial para comprar la casa donde vive con su esposa y sus dos hijos. Le acaban de cambiar de jefe y su motivación está por los suelos. Se quiere ir, pero la hipoteca (y el costo de su disolución) lo retiene. Marco es un talento retenido.

En el mundo de hoy, donde los músculos cerebrales han sustituido a los corporales como base de la productividad, la motivación y los aspectos emocionales tienen una repercusión decisiva, tanto en la calidad del trabajo como en la productividad del mismo. Con lo cual esos aspectos invisibles son fundamentales en la determinación de los visibles, como los productos, los servicios y la rentabilidad.

No retenga, vincule.

¿Y por qué no retener? Pues porque en nuestro idioma retener implica hacerlo, en general, contra la voluntad de la persona. Y eso a la larga no funciona. En lugar de ello propongo vincular al talento para que desee quedarse y dar lo mejor de sí por voluntad propia. El reto es formarlo para un alto nivel de empleabilidad y lograr que no se quiera ir por nada del mundo. Imaginémonos la cuerda con la que atan un yate a un muelle. ¿De qué está conformada? De infinitos hilos. Es una excelente metáfora para vincular. Establezcamos una vinculación con la empresa a través de infinitos hilos. Aquí van unos cuantos hilos no-salariales:

- **No sea igualitario.** Puede que un talento que tuvo que emigrar de su país lo que más valore en un momento dado es que la empresa ayude con los papeles de residencia, mientras que para una joven madre sea la flexibilidad del teletrabajo acordado. Un crack en Inteligencia Artificial que se está iniciando en el *trading* agradecerá que se le respete la primera hora de apertura del mercado en su agenda. Cada quien tendrá una situación diferente que podemos apoyar.

- **Enfóquese en el crecimiento de su gente, no en el de la empresa.** La gente talentosa es curiosa, inquieta, tiene sana ambición y desea progresar. Enfóquese en ello. Póngalos primero, pues irradiarán entusiasmo por la empresa en su trabajo. El crecimiento de la empresa será la consecuencia, no el foco.

- **Aniquile jerarquías y egos.** Olvídese del respeto a la jerarquía. Lo que inspira al talento son el buen rollo y el apoyo de sus líderes, no la jerarquía. Los talentos son, directivamente hablando, incómodos para líderes cuyo principal sustento es la jerarquía (el ego). Forme a «toda-persona-que-conduce-a-otra» en un estilo de liderazgo servidor. Promueva su autonomía (dentro de las reglas) y evolución.

- **Averigüe y apoye el proyecto de vida de su gente.** Nadie trabaja para una empresa. Estamos en la nómina de una empresa, pero todo el mundo trabaja en primer lugar para su proyecto de vida y el de su familia. Averigüe el proyecto de vida de su gente. Mientras una persona vea y sienta que su trabajo en la empresa está en consonancia con su proyecto de vida y la beneficia, dará el 1000 % por la empresa.

- **Foco en la razón de ser (RdS).** El trabajo y sus desafíos adquieren otra importancia cuando el foco se centra en la razón de ser, que es el sentido, la esencia y el aporte de cada función. No se olvide de que «trabajar con sentido es trabajar consentido» (del libro *Reflexionamientos* de Alejandro Szilágyi). Contribuir es una necesidad básica del ser humano y genera autoestima y orgullo profesional. Aliméntelo.

- **Defina los «no-negociables».** Flexibilidad, toda la posible; malcrianza, ninguna. Defina los «no-negociables» desde un principio y hágalos parte de la inducción. Eso le proporcionará tranquilidad en cuanto a la cultura corporativa y neutralizará el peligroso virus del «yo promuevo lo que permito». Una vez definidos sea estricto con los «no-negociables». El que pisa un «no-negociable» se va. No se olvide de que está tratando con *prima donnas*. Puede que pierda una por demasiado rebelde, pero el resto formarán una cultura nítida y envidiable, y se sentirán bien, pues reglas claras...

- **Promueva el disfrute como valor integral.** Disfrute de entregar trabajos a tiempo, compartir el abrazo y del café, proponer ideas disruptivas, liberarse de formalismos innecesarios, de arrebatarle un cliente a la competencia, del reconocimiento monetario y no-monetario, de la amistad y el compañerismo, de asumir nuevos desafíos y aprender cada día algo nuevo.

Convierta su emprendimiento y empresa en un sitio de disfrute de altura. De hacer el bien y hacerlo bien.

Posiblemente ningún hilo en sí vincule, pero el cúmulo de hilos formado por el extraordinario ambiente, la fraternidad, la posibilidad de formación interna, los buenos desafíos, el orgullo de aportar y ser escuchado, el trasfondo económico, la apasionante innovación y el que el trabajo esté alineado con su proyecto de vida, juntos formen una maroma robusta. No significa que en algún momento la cuerda no se suelte, y que el yate tenga que emprender un nuevo rumbo, pero lo hará con gratitud y lágrimas en los ojos.

MOTIVE SIN MOTIVAR

Pocos temas directivos han inspirado más escritos que la motivación. La palabra motivación viene del latín *movere*, que significa mover. Y para mover hace falta energía. Motivación es energía. Cuando uno se siente motivado tiene alta dosis de energía y es más activo. Ese coeficiente energético aplica también a las empresas, por lo que el nivel de motivación repercute en la productividad, y por ende en la rentabilidad. La motivación está ganando en importancia estratégica, ya que lo rutinario está siendo automatizado y lo esencial queda en manos humanas.

¿Pero de dónde viene esa energía, quién es responsable de ella y cómo la gestionamos?

Básicamente tenemos dos fuentes: una interna (motivación intrínseca) y una externa (extrínseca). Ambas tienen detonadores distintos.

Empecemos, sin embargo, por los tres diferentes niveles de motivación:

- Motivación de vida
- Motivación para un proyecto o etapa
- Motivación diaria

1. **Motivación de vida.** Es un rasgo de personalidad que se suele cerrar a los 21 años. Quienes tienen la motivación como rasgo de personalidad suelen ser personas inquietas, curiosas, con sana ambición de progreso, a quienes no es necesario arrear. Son gente «con el motor interno prendido», con energía de inducción propia. Es su naturaleza.

2. **Motivación para una etapa o proyecto.** Esta motivación es de más corto alcance, ya que está vinculada a una etapa de vida o a un proyecto que entusiasma y aviva la energía.

3. **Motivación diaria.** Esto es lo que coloquialmente solemos denominar «estar de buen o de mal ánimo». Los que gozamos de una alta motivación de vida también tenemos días en los que nuestra mayor contribución a la humanidad habría sido quedarnos en casa sin dar ni golpe. No estábamos de buen ánimo.

Una empresa exitosa necesita de las tres motivaciones y la importancia de estas se corresponde con el orden enumerado.

¿Qué podemos hacer en la empresa?

Como la motivación en la vida es un rasgo de personalidad, deberemos considerarla en la selección de personal. No todos los candidatos son idóneos, por muy buen perfil profesional que tengan. Chequear esta parte del cableado humano es indispensable, pues si no terminaremos exigiendo un comportamiento y un empuje al recién contratado que no cuadran con su personalidad. Gastaremos y nos desgastaremos.

Sin embargo, las otras dos motivaciones sí son influenciables y gestionables indirectamente por la empresa a través de palancas y acciones concretas. Para ello hay que saber dónde están los gatillos correspondientes.

En emprendimientos y empresas de vanguardia se va destilando lo siguiente a nivel mundial:

- Apostar más por la motivación intrínseca que por la extrínseca (ojo, ambas hacen falta).
- Reducción de la intervención directa del liderazgo.

Motivación extrínseca

A la motivación extrínseca pertenecen tanto aspectos tangibles (sueldos, bonos, beneficios, herramientas de trabajo, infraestructura etc.) como intangibles (tales como el trato, el prestigio de la empresa, el ambiente de trabajo, la confianza recibida, la relación con el jefe directo, etc.).

Motivación intrínseca

Se basa en 4 pilares fundamentales:
* Propósito (sentido)
* Autonomía (descentralización)
* Maestría (progreso)
* Ambiente (buen rollo y relaciones)

Respetar y alimentar estos 4 pilares requiere de un liderazgo servidor, donde el protagonista no es la jerarquía, sino el talento, ávido de oxígeno y libertad para desarrollarse.

Intervención indirecta

Se trata de crear un ambiente idóneo para que el talento se sienta como pez en el agua. Y, si seleccionamos idóneamente, armonizamos los factores extrínsecos con los intrínsecos y definimos nuestras normas y reglas (incluidas las «no-negociables») estaremos convirtiendo nuestra empresa en un ágil cardumen (banco de peces). Obtendremos rapidez y flexibilidad con consciencia grupal, una metáfora altamente provechosa en tiempos turbulentos.

....

¿Está tu liderazgo preparado para superar su ego jerárquico y apostar por la autonomía *in crescendo* de los talentos que necesitan oxígeno para florecer?

....

Y con ello regreso a la razón de ser de un buen líder moderno: «Llegar a no ser necesario», es decir, crear las condiciones para que la gente tenga los recursos y la libertad de hacer cosas extraordinarias que redunden en su crecimiento como personas y como profesionales, a la par de conseguir un crecimiento rentable de la empresa a través de aportar valor al negocio de sus clientes.

EQUILIBRIO VIDA-VIDA

Uno de los temas que más ocupa a psicólogos, pensadores directivos y humanistas en la actualidad es el equilibrio vida-trabajo. El famoso *work-life balance* baraja tres conceptos: vida, trabajo y equilibrio.

Por mi parte acabo de poner en mi buscador de Internet el concepto «las palabras crean realidades» y en 0,68 segundos me ha arrojado 4.490.000 resultados. Entre ellos he encontrado libros, charlas y citas, que van desde Henry Ford hasta Maturana, pasando por el gran Wittgenstein.

Y todos ellos coinciden: por una parte los conceptos que usamos son producto de nuestro entendimiento del mundo, y, por otra, las palabras a través de las cuales nos expresamos terminan moldeando nuestra percepción de la realidad. Es decir, las palabras crean realidades; por eso es bueno esmerarnos en la selección y el uso de un léxico adecuado.

Cuando formulamos lo de «equilibrio vida-trabajo» estamos dando a entender que vida y trabajo son dos cosas diferentes, de alguna forma antagónicas, y que valdría la pena armonizarlas para no desequilibrarnos. Preguntémonos sin embargo: ¿no es el trabajo parte de la vida? Al mismo tiempo, ¿podemos impregnar el trabajo con más vida para insuflarle alegría, disfrute, orgullo, así como propósito y progreso? ¿Dónde pasamos la mayor parte del tiempo de nuestra vida? ¿Por qué esa insistencia en el antagonismo «vida-trabajo»? ¿Qué mensaje estamos dando a nuestra mente y a nuestro cuerpo emocional cuando seguimos alimentando esa dicotomía? ¿Que el trabajo no es vida? ¿O que una vida valiosa está exenta de trabajo? ¿Qué mensaje implícito estamos transmitiendo a los empleados? ¿Trabajo igual a sufrimiento, vida igual a placer?

¿Cuánta gente ama su trabajo? ¿Cuánta gente que se apasiona por lo que hace se siente orgullosa de ello y encuentra un propósito de vida en la contribución que realiza a sus clientes y para la sociedad, aunado a su crecimiento personal y profesional?

Propongo reformular este tópico y referirnos a él como «equilibrio vida personal-profesional».

Financié mis estudios de Nuremberg, Alemania, con una serie de trabajos: pintor de brocha gorda, chófer de medicamentos urgentes, cargador de paquetes en el servicio postal interurbano, camarero, maestro de matemáticas e idiomas, dibujante técnico, subgerente de administración en un hotel de 1.000 plazas, afilador de las cuchillas de patines sobre hielo, entre otros. Y aunque me veía obligado a hacerlo para sobrevivir (no tuve beca y mi familia pasaba por una situación financiera precaria) siempre vi el trabajo como parte de mi vida, y por tanto como un ingrediente valioso para mi crecimiento personal y profesional. Como simple empleado me preguntaba: «Si esta empresa fuese mía, ¿qué cambios haría para que fuese más productiva y más rentable?». Fueron tiempos de enorme aprendizaje, en los que pude conocer múltiples empresas por dentro. Pequeñas, medianas y multinacionales, públicas y privadas. Cuando mis colegas de la Universidad se graduaron e iniciaron su vida laboral yo ya contaba con un vasto kilometraje. Posiblemente a esas experiencias es a lo que le debo, entre otros, el que con 27 años me nombrasen CEO de una organización alemana, capítulo Venezuela.

En cuanto a la consultoría independiente que ejerzo desde 1990, amo mi trabajo, lo disfruto, me da enormes satisfacciones, tangibles e intangibles. Mi trabajo es mi pasión, es parte de mi propósito de vida y de mi contribución. El trabajo me desafía, me hace crecer, me une a otras personas, me enriquece en lo material, lo emocional y lo espiritual. Mi trabajo me mantiene mentalmente joven, me empuja a seguir estudiando, me protege de la rutina (cada cliente es diferente), me conecta con gente nueva, también me ha sacado de mi parque jurásico digital. En fin, gran parte de mi calidad de vida se la debo a mi trabajo. Mi trabajo no se merece ser puesto frente a frente con la vida.

No niego, sin embargo, que de vez en cuando me gustaría poder regular mejor la intensidad de las horas que le dedico.

Acepto que no todo el mundo puede tener el mismo trabajo, ni las mismas sensaciones acerca del trabajo, pero creo que haríamos bien en dejar la dicotomía «vida-trabajo», que nos crea una irrealidad poco sana.

Enriquezcamos nuestro trabajo proveyéndolo de razón de ser, creando un ambiente de buen rollo, con sentido de pertenencia, destacando su contribución a la sociedad y disfrutando del camino.

John F. Kennedy, siendo presidente de EE. UU. visitó la NASA en 1961. Al toparse con un empleado que estaba fregando el suelo de uno de los pasillos se detuvo, lo saludó con un apretón de manos y le preguntó: «¿Y usted qué hace aquí en la NASA?». A lo que el limpiador le respondió con orgullo: «Señor, ¡estoy ayudando a poner a un hombre en la luna!».

No es lo mismo estar fastidiado por el calor de un fogón que disfrutar de preparar una comida con el propósito de nutrir y proporcionar placer a los comensales y convertirte en el mejor chef de tu especialidad.

No es el qué, es el cómo. Recordemos que lo más importante no es lo que pasa, sino la emoción que deja. ¿Por qué no elevar entonces el sentido del trabajo a una parte valiosa de nuestra vida?

....

**Enriquezcamos nuestras actividades
tomando consciencia de su razón de ser,
y con ello de su
contribución para nosotros y para los demás.**

....

No es lo mismo estar al lado de una máquina y mezclar algo que no me han explicado qué es que saber qué estoy haciendo y, además, que con lo que estoy fabricando ayudo a reducir el dolor, procurar alivio, curar enfermos y hasta salvar vidas.

No es lo mismo rellenar un formato con cifras de forma rutinaria-aburrida a ser consciente de que con ese delicado trabajo contribuyo a que otras personas tengan mejor base para tomar decisiones en pro de la sostenibilidad de la empresa.

Créeme: el trabajo es una parte valiosa de la vida, un lugar donde aprendemos, crecemos, nos relacionamos y donde nos podemos ganar la vida dignamente. Soy consciente de que no todos los trabajos son así. Todavía. Sin embargo, alimentando la dicotomía «vida-trabajo» no contribuimos a que ello cambie, sino todo lo contrario. Insuflemos más vida, más placer, más sentido (razón de ser) y más consciencia a nuestros puestos de trabajo. Igualmente colmemos de más vida, disfrute, placer a nuestro quehacer en el ámbito personal y familiar para poder llegar realmente a un sano equilibrio «vida profesional-vida personal».

Mantengamos ese equilibrio enriqueciendo el trabajo en sus tres dimensiones:

- Profesional (hacerlo bien)
- Emocional (sentirnos bien)
- Espiritual (hacer el bien)

Enriquezcamos también nuestra vida personal con las mismas tres dimensiones.

La vida es una e indivisible.

ACTITUD & DESTREZAS

«RE-SILENCIÉMONOS»

«Re-silenciémonos» es la conjugación de un verbo inexistente que se compone de los vocablos resiliencia y silencio.

La resiliencia proviene de la metalmecánica: «Es la capacidad que tienen los materiales de recobrar la forma original después de haber sido sometidos a presión».

Según la Real Academia, «la resiliencia es la capacidad humana de asumir con flexibilidad situaciones límite y sobreponerse a ellas». Lo más importante es lo de sobreponerse a ellas, es decir, salir fortalecidos.

Cuanto más grande es el reto, tanta más presión ejerce sobre la resiliencia. Y es ahí donde entra el silencio.

El reto que estamos viviendo, como individuos y como humanidad, hace necesario profundizar en nuestro silencio interior para conectar con nuestra fuente. Porque solo desde ese silencio podremos aplacar los ruidos externos y neutralizar los paradigmas vigentes para descubrir los cambios necesarios y así salir fortalecidos.

> **La naturaleza nos está pidiendo a gritos que nos quedemos quietos, que no busquemos el más-y-más-y-más en todo y no persigamos toda satisfacción fuera de nosotros.**

Es desde el silencio del observador, desde donde se nos pide hacer un nuevo inventario de los hábitos que debemos cambiar, dejar y asumir.

El silencio es lo que nos lleva a conectar con nuestra verdadera razón de ser como seres humanos y plantearnos nuestro *modus vivendi* para no autodestruirnos.

Para ello detallo a continuación 7 *tips* prácticos:

1. **Sea realista, juicioso:** no se deje llevar por lo de «mente positiva siempre». Esa frase es una anestesia mental y no ayuda. Usted podrá ser positivo y optimista en cuanto al futuro, pero en cuanto al presente sea realista. Y un realista juicioso sabe que la sobredosis de información es dañina.

2. **Acepte y abrace sus sentimientos:** dese el lujo de conectar con sentimientos como la tristeza, la rabia y la angustia. No los evada. No caiga en lo de «a mal tiempo buena cara». Ame su tristeza, hónrela y ella poco a poco se desvanecerá. Si usted no le da importancia se

presentará una y otra vez hasta que la tenga en cuenta. Ella quiere decirle algo. Y ese algo lo descubrirá desde el silencio, no desde una hiperactividad anestesiante.

3. **Mantenga la mente en el presente:** cuando sentimos culpa, rencor y tristeza es porque nuestra atención viajó al pasado, así como el temor, el miedo y la ansiedad aparecen cuando nuestra atención se proyecta al futuro. Controle su atención. Lo que la mente enfoca gana en importancia.

....

Donde pone la atención va la energía.

....

Seamos realistas: en estos momentos nadie le podrá decir cómo será el futuro. No se preocupe por él. Vendrá solo. Disfrute del presente. Practique la atención consciente, el *mindfulness* y el buen humor. Recuerde que cuando uno se ríe siempre está en el presente. Y estar en el presente es el mayor presente.

Baile, cante, ría, disfrute, escriba, lea, medite.

4. **Programe su subconsciente:** el subconsciente no distingue entre realidad e imaginación. Practique el arte de viajar desde el sillón de su casa, cierre los ojos y sienta que está en un lugar paradisíaco. Sienta el calor o el frío, la nieve o la playa, la brisa, una buena compañía y su bebida preferida. Todos lo hemos hecho en alguna que otra ocasión. Eleve este ejercicio al nivel de maestría. Vaya, disfrute y regrese. Internet le abre adicionalmente las puertas a los mejores museos del mundo, bibliotecas y paisajes de ensueño.

Cuando sentimos miedo también estamos engañando al cerebro, pues proyectamos fantasmas mentales. O sea, usted ya está engañando a su cerebro; lo que tiene que hacer es engañarlo a su favor. Practíquelo.

5. **Alimente su cerebro con preguntas:** el cerebro, por naturaleza, siempre está encendido. Lo importante es aprovecharlo y dirigirlo, y no ser esclavo de sus temores. Para ello aliméntelo con preguntas. Manténgalo ocupado a su favor.

Lo que no debe preguntarse: ¿por qué me tiene que pasar esto a mí? Fatal.

Lo que sí puede preguntarse: ¿qué aprendo de esta situación? ¿De qué me puede servir pasar por esto? ¿Qué voy a cambiar? ¿Qué puedo disfrutar de la situación actual?

6. **Agradezca:** agradezca, agradezca, agradezca. Al abrir los ojos por la mañana, agradezca que está vivo. Agradezca la existencia de sus seres queridos, de sus mascotas, agradezca los libros que le están esperando para ser leídos.

Cuando usted agradece está 100 % en el presente. Y en el presente no hay estrés. El estrés aparece cuando permitimos que nuestro cerebro se proyecte a la incertidumbre del futuro. Refúgiese en la gratitud sincera y valore lo que tiene: salud, familia, amistades, naturaleza, inteligencia.

Sintiendo auténtico agradecimiento atraemos lo que agradecemos.

7. **Ayude:** hay gente que lo está pasando peor que usted. Ayude al que pueda. Si tomásemos consciencia de lo gratificante que es ayudar ayudaríamos más. Se enriquece más el que da que el que recibe. No le quepa la menor duda.

Valórese mucho. No se tome demasiado en serio. Sea flexible. «Resiliéncese».

VER DONDE OTROS NO VEN

En el mundo empresarial tuve que aprender una máxima en carne propia: «Todos mis ingresos existen, pero están en el bolsillo de otro».

Cada día me levanto con esta frase acompañada de la siguiente pregunta:

**¿Qué voy a hacer hoy
para motivar a mis clientes a que me paguen,
y además lo hagan con gusto?**

La respuesta es simple, mas no siempre fácil: debo resolverles algún problema y contribuir así a su bienestar y éxito. Debo hacer a mis clientes más exitosos.

El punto central es detectar el problema, analizar su relación causa-efecto y después ayudar a resolverlo.

Y es allí donde empieza la búsqueda:

- ¿Qué me dice el cliente acerca de su problema?
- ¿Cuál es el problema real?
- ¿Cuál es su raíz? ¿A qué se debe?
- ¿Estoy viendo el efecto o también veo la causa?

- ¿Por qué me llaman a mí si ellos conocen mejor su empresa que yo?
- ¿Qué puedo ver que ellos no ven?
- ¿Será que hay cosas que ellos no quieren ver?
- ¿Será que están demasiado involucrados emocionalmente?

Y es que el problema del problema empieza por ver la realidad del modo más realista posible. Y valga la doble redundancia.

Recientemente compartí con tres grandes maestros un taller denominado «Ver donde otros no ven»,[5] los humoristas-caricaturistas Eduardo Sanabria (Edo), Roberto Weil y el poeta-compositor-pintor Andrés Barrios. Geniales los tres. Grandes Maestros, con mayúscula.

Los caricaturistas, humoristas y artistas tienen una capacidad muy refinada para ver cosas que otros no ven. Esa espectacular «distorsión mental» los induce a buscar y percatarse de detalles que a la gente normal se nos escapan. Su mente busca los rasgos esenciales, que luego plasman en una caricatura, una anécdota o un verso.

- ¿Por qué BlackBerry no vio a tiempo que una nueva generación no necesitaba sus botones?
- ¿Por qué algunos clientes no ven las insatisfacciones latentes que están a punto de llevarlos a un conflicto sindical?
- ¿Por qué las altas cifras de ventas del mes pasado no nos dejan ver el éxodo inicial de un grupo de consumidores?

---

5 Deseo expresar mi profunda gratitud a mi cliente y amigo MAP por este extraordinario taller que hicimos para unos 100 gerentes de su empresa con estos 3 genios del humor.

El mundo se ha vuelto complejo, incierto y con cambios crecientes. Debemos monitorear la realidad con más precisión que antes.

Los detalles cuentan, es más, son decisivos.

Y en eso los caricaturistas son nuestros maestros.

¿Cómo observa Edo el acontecer nacional como para sintetizar 20 láminas de estadísticas del Banco Central en una sola caricatura?

¿Cómo hace Weil para distinguir lo esencial de lo anecdótico y plasmar en un dibujo años desperdiciados de política económica?

¿Qué es lo que ve Andrés Barrios en los pies de una señora en un banco para que después componga estos versos?:

Versos lácteos

Quiero rendirme a tus pies
y lo intento en vano,
ellos tienen aroma
a queso parmesano.

Quiero rendirme a tus pies
cuando me embriago de vino,
ellos tienen aroma
a queso pecorino.

Quiero rendirme a tus pies
pero vas a quedar muy sola,
ellos tienen aroma
a queso de bola.

Y es que ellos buscan, miran y ven de modo distinto. No basta ver lo obvio. Hay que ver lo invisible, hay que ver con el alma. Lo que se dice y lo que se calla.

¿Cómo detecta un caricaturista cuáles son los rasgos esenciales de un rostro humano que le da un carácter inconfundible? Un rostro tiene millones de *bits* y *bytes*, ¿cómo logra fijarse en los pocos que son esenciales y característicos? El verdadero arte en sí no está en la destreza manual (dibujar), sino en la capacidad del cerebro de observar la realidad y detectar la esencia de las cosas. Es por eso que en la gestión y dirección de empresas podemos aprender muchísimo de los caricaturistas.

De hecho recomiendo a toda persona que vaya escalando jerarquía en una empresa que haga un curso de caricatura. Que entrene el cerebro a distinguir entre lo esencial y el «relleno».

Ya Platón nos dio una lección al decir que «los ojos son simples instrumentos; el que realmente ve es el cerebro». Un colega de Andrés Barrios, el escritor Antoine de Saint-Exupéry, nos recuerda que «no se aprende a escribir, sino a ver. Escribir es una consecuencia». Por otra parte, Goethe, el erudito alemán, nos señala inequívocamente que «lo que no conozco no lo veo». Álex Rovira afirma que «la calidad psicológica crea la calidad de mi realidad».

Si usted solo ve y resuelve problemas promedio que muchos resuelven, su valor de mercado será bajo. Si usted ve cosas que otros no ven y resuelve problemas que pocos pueden, sus honorarios serán altos. Aprenda a ver.

Para ello, no podemos confiar en los conocimientos acumulados; más bien debemos desprendernos de nuestros filtros mentales, recobrar la capacidad de observación de niños, artistas y humoristas, y aprender a ver lo que otros no ven.

¿Por qué hay padres que no notan la insatisfacción emocional de sus hijos, o si la notan es ya cuando están metidos en alguna secta, drogas o pandilla callejera?

¿Por qué hay quienes no se percatan del vacío emocional de algunos empleados que los llevan a trabajar contra la propia empresa?

Aprenda conscientemente a ver: haga un taller de dibujo, copie a los humoristas, no se pierda una conversación con genios del arte, con artistas locos y, sobre todo, atrévase a ver de forma diferente.

Irá descubriendo esos detalles que hacen que nuestra vida sea más valiosa, próspera y humana. Los detalles cuentan, sobre todo cuando todavía no se traducen en resultados.

Para resolver hay que ver. Y no es lo mismo ver desde lo operativo, desde lo táctico o desde lo estratégico. La misma información tiene interpretación y por tanto una relevancia diferente en cada uno de estas tres áreas.

Y usted, ¿solo mira, o también ve? ¿Ve donde otros no ven?

VÍCTIMA O APRENDIZ

El siglo XXI alberga retos que se iniciaron en las últimas décadas del siglo XX pero cuya intensidad parece incrementarse de forma exponencial. Dos de estos retos son la velocidad de los cambios y la complejidad.

No son los cambios en sí, sino la velocidad con que se suceden. La tendencia nos dice que la velocidad de los cambios también se incrementa.

Por otro lado, nuestro tan anhelado equilibrio trabajo-tiempo libre se siente cada día más amenazado por la complejidad que afrontamos. Basta observar la cantidad de información que manejamos hoy en comparación con la que manejaban nuestros abuelos. Posiblemente hoy nuestro cerebro maneje más *bits* y *bytes* en un solo día que nuestros abuelos en un mes. Por otra parte, el día sigue teniendo 24 horas.

Una herramienta poderosa que nos puede ayudar a salir airosos ante estos dos retos (velocidad del cambio y complejidad) es la de «aprendiz o víctima».

Me topé con esta formulación en un seminario dictado por el extraordinario médico español, el Dr. Fermín Moriano.[6]

Según el Dr. Moriano, cuando una persona se enfrenta al reto de una enfermedad tiene dos opciones básicas: ser víctima o aprendiz.

**Las víctimas se entregan a la enfermedad
y los aprendices usan la enfermedad
para llevar a cabo un profundo cambio
de creencias y estado de consciencia,
causa principal, según los doctores,
a la que deben la posterior sanación.**

---

6   El Dr. Moriano fue un médico sintergético (medicina integral) alumno del Dr. Hammer (Alemania) y del Dr. Jorge Carvajal (fundador de la medicina sintergética, Colombia). Se dio a la tarea, con su equipo, de ayudar a personas que enfrentan enfermedades «terminales». En muchos casos vio curas y recuperaciones «milagrosas».

Según el Dr. Moriano, todos los casos que ellos vieron sanar optaron por el modo aprendiz, lo que no significa que todos los aprendices sanaran. Inspirado en la charla del Dr. Moriano he exportado este concepto a la gestión directiva con sus correspondientes adaptaciones. Los resultados han sido extraordinarios. Analicemos ambas actitudes por separado:

Víctima

Una persona está en modo víctima cuando...
* La responsabilidad se la adjudica a un factor externo a ella.
* Culpabiliza a otros y a las circunstancias de lo que le sucede.
* Justifica los malos resultados con excelentes argumentos e invierte tiempo en ellos.
* Cuenta historias para convencer y vender sus argumentos.
* Su foco está en el problema... y no practica el agradecimiento.

Aprendiz

Una persona está en modo aprendiz cuando...
* Reconoce y asume su responsabilidad.
* Toma protagonismo en el proceso por el cual está pasando, preguntándose a sí misma:
   - ¿Qué puedo aprender de esto?
   - ¿Qué tengo que cambiar?
* Su foco está en la solución.
* Valora (agradece) lo que tiene y lo que la impulsa a mejorar.

Si comparamos ambos comportamientos en la empresa, veremos que:

- Las víctimas nos cuestan tiempo (tienen historias que explicar).
- Las víctimas alimentan el «radiopasillo».
- No asimilan el aprendizaje necesario, pues la responsabilidad la colocan fuera de ellas.
- Deterioran las relaciones humanas a través de la culpabilización.
- Desvían el foco de análisis despistando los argumentos hacia las justificaciones.
- Canalizan su tiempo y energía hacia la queja para enumerar solo efectos negativos.

El aprendiz, por otra parte, usa los problemas y los retos como un trampolín para meterse una vacuna de aprendizaje y salir airoso en su afán de construir un futuro mejor.

Las víctimas son como los agujeros de un cubo que hacen que la energía y la eficiencia de una empresa se den a la fuga, a veces de forma invisible. Las víctimas cuestan más dinero a las empresas que el valor agregado que suelen aportar.

Las víctimas hablan de sus problemas, pero en el fondo no desean resolverlos. Los problemas se vuelven sus aliados. Gracias a ellos son centro de atención, se sienten importantes y atraen preocupación y el soporte emocional de quienes las rodean. Si usted le resuelve un problema a una víctima (por mucho que se lo pida), le está creando otro, pues le acaba de quitar un valioso vehículo para sentirse importante y llamar la atención.

Sé que esto suena muy fuerte. Pero piénselo y hágase la siguiente pregunta: ¿de qué hablaría una víctima si estuviera «condenada» a ser feliz? En resumen, víctima vs. aprendiz significa:

- Problema vs. solución
- Dispersión vs. enfoque
- Lamento vs. proactividad
- Justificación vs. análisis
- Sufrir vs. construir
- Defender vs. cambiar
- Despilfarro vs. eficiencia

Desde la charla del Dr. Moriano, incluyo la herramienta «víctima-aprendiz» en la formación de equipos directivos y en los parámetros de selección. Las víctimas son verdaderos ladrones de tiempo. Si se les da acceso a la empresa dejarán una huella visible en la cultura y el ambiente. Los tiempos no están para perder tiempo. Nunca contrate a una víctima. Descúbrala antes de que entre en su empresa.

> **La velocidad de los cambios y la complejidad
> solo son afrontables con éxito
> desde el modo aprendiz.**

Ante un reto o problema todos tenemos la opción de reaccionar como víctimas o como aprendices.
¿Cuál de ellos es usted mayoritariamente?
Declárese un eterno aprendiz.
Vivirá más y mejor.

PROBLEMAS & CREATIVIDAD

SOLO CONTROLAMOS LA CAUSA

La ley de causa y efecto es tan vieja como el universo. No es sobre ella sobre lo que deseo puntualizar, sino sobre su aplicación. Si consideramos algunas sutilezas importantes le podremos sacar un mayor provecho práctico, tanto en nuestro día a día como en la conducción de nuestras empresas.

Es bueno recordar que, junto a la ley de causa y efecto, nuestro Creador nos regaló el don del libre albedrío. Ese don, en principio, significa que tenemos la opción y el derecho de tomar nuestras propias decisiones.

Pero hay un punto crucial: el libre albedrío solo es aplicable a la causa, no al efecto. Es decir: el efecto no está en nuestra zona de control, solo la causa.

Dos o tres ejemplos: me puedo asomar al borde del techo de mi edifico y tomar la decisión de saltar al vacío (causa). Hasta ahí estamos de acuerdo. Lo que no puedo decidir es en qué medida me lastimaré al llegar al suelo (efecto). Otro ejemplo: usted siembra una semilla de tomate para cosechar tomates en unos 60 a 90 días. Para ello lo único que podrá hacer es cuidar la planta, regarla y abonarla. Hasta ahí. Lo que no podrá hacer es salir por las mañanas y estirar la planta porque quiere verla crecer más rápido; no ayuda y más bien la puede romper.

Llevo 35 años de consultor, trabajando con empresas en 21 países, y lo que me llama la atención es que la abrumadora mayoría de los indicadores con que se miden y dirigen las empresas son indicadores de efecto, no de causa.

Unidades producidas, facturación, participación de mercado, rentabilidad, objetivos de venta, etc. Todos ellos son indicadores de efecto.

No quiero decir que no debamos tener este tipo de indicadores. No. Lo que quiero decir es que nuestro foco debe estar en la causa, no en el efecto.

La causa es lo único que podemos corregir sobre la marcha. Los indicadores de efecto presentan resultados consumados y por tanto no cambiables *a posteriori*.

Son cifras *post mortem*. Sobre todo en los procesos críticos para el éxito de todo emprendimiento y empresa es vital tener indicadores de causa para poder corregir sobre la marcha.

Los buenos estudios de clima y cultura son un extraordinario ejemplo de indicadores de causa.

Gran parte de mi trabajo consiste en ayudar a las empresas a encontrar indicadores y apalancamientos de causa. Después de que grandes consultoras hayan hecho sus estudios de efecto me piden analizar las causas para hacer las correcciones pertinentes con el mayor apalancamiento posible (ver capítulo sobre los cromosomas). Para ello siempre ha sido necesario desarrollar indicadores de causa. Solo podemos corregir lo que es gestionable, y hay que corregirlo a tiempo, es decir, antes de que un efecto negativo se materialice.

> **Poner el foco en la causa es crucial, pues lo que la mente enfoca gana en importancia, tanto en lo racional como lo emocional.**

Y reitero: solo controlamos la causa.

Es por eso que los número uno del mundo, Jordan, Nadal, Messi, Ronaldo, Vettel, así como Paco de Lucía y Eric Clapton, se enamoran de la causa (su profesión) y mantienen su foco en ella. Adicionalmente disfrutan de su posición en el *ranking* y sus ingresos, sin duda. Pero su foco es la causa.

Los *coaches* de primera (Jim Lombardi, John Wooden) lo que quieren es que su gente desarrolle y dé el 100 % de su máximo potencial (causa). La puntuación de los partidos es el resultado. Su foco, sin embargo, es que nadie deje parte de su potencial en el tintero.

La rentabilidad de mi consultora es muy satisfactoria (efecto), pero mi foco siempre está en mis clientes y en qué medida les puedo ser útil (causa). Eso me ha ayudado a sobrellevar esta crisis y las anteriores.

¿Dónde tiene usted puesto su foco personal y profesional en estos momentos: en la causa o en el efecto?

CUÁL ES TU PRÓXIMO CROMOSOMA

Todo efecto tiene su causa (o causas). El efecto es el resultado, la causa es la raíz.

Desde pequeños nos inculcan que hay una correlación entre el esfuerzo (causa) y los resultados obtenidos (efecto). Los mensajes que recibe nuestro cerebro al respecto nos suelen llevar a la conclusión de que hay una correlación proporcional y directa entre la causa y el efecto. Y esa correlación es tanto cuantitativa como cualitativa.

Por ejemplo: cuanto mejor sea la siembra y su correspondiente cuidado, tanto mejor será la cosecha. O que para que tengamos cambios notables en nuestros resultados deberemos hacer grandes cambios en la causa.

Esta sensación viene reforzada después con frases lapidarias como «todo lo que vale la pena en la vida es producto de un gran esfuerzo». O el famoso «*no pain no gain*».

Con estos mensajes y su repetición de diferentes formas y ámbitos se va cristalizando en nuestro subconsciente la siguiente creencia: si deseo tener resultados extraordinarios mi esfuerzo en la causa debe ser acorde, es decir, extraordinario. Si deseo obtener un salto cuántico en mis resultados, debo hacer grandes cambios en la causa.

¿Y es eso verdad siempre?

Veamos la siguiente metáfora: vas paseando por un centro comercial y ves a una madre con un hijo especial. Tiene síndrome de down. Su vida es muy diferente a la nuestra. No afirmo que sea mejor o peor, sino que lleva una vida diferente, muy diferente (efecto).

Enfoquemos la causa: ¿dónde se origina esa diferencia? En su ADN. ¿En qué se diferencia realmente su ADN del nuestro? En un solo cromosoma. Uno solo. Y no es que falte o sobre, sino que su cromosoma 21 tiene tres pares en lugar de dos. Ese detalle es capaz de cambiarle la vida.

Pequeño detalle, enorme repercusión.

Llevo años desarrollando y aplicando exitosamente esta metodología del cromosoma en mis sesiones de mentoría, coaching, así como también en consultorías completas. Dos empresas multinacionales de gran prestigio han subido al número uno del *ranking* (dos años seguidos) como mejor lugar para trabajar gracias a la metodología del cromosoma. Dimos con los cromosomas adecuados, sin gran inversión los mejoramos, y los resultados no se hicieron esperar. Lo difícil fue dar con los cromosomas cruciales.

Método cromosoma

Principales conclusiones:
1. Un pequeño cambio (pero no cualquiera) en la causa puede tener una repercusión de alto impacto.
2. No todos los pequeños cambios tienen el mismo impacto.
3. Hay que elegir y abordar los cromosomas con la secuencia adecuada.
4. No es fácil encontrar el cromosoma adecuado.
5. Cualquier superficialidad en el diagnóstico nos lleva a apostar por el cromosoma equivocado.
6. Para encontrar el cromosoma adecuado hay que hacer un diagnóstico causa-efecto retroactivo hasta la 5ª generación (la-causa-de-la-causa-de-la-causa).
7. No basta con hacer un diagnóstico lineal (es decir, de lógica secuencial); hay que hacerlo desde una perspectiva sistémica (interdependiente).
8. Toda situación y persona, por muy extraordinaria que parezca, alberga cromosomas de mejora.
9. La causa suele estar en un área distinta a la del efecto.

**Podemos definir como cromosoma
el «aspecto o elemento que si se mejora
produce un salto cuántico en la evolución».**

Deseo regalarte algunas preguntas útiles e incómodas:

- ¿Cuál es el cromosoma crucial para el despegue de tu emprendimiento: un producto irresistible o el rediseño del logotipo?
- ¿Cuál es el cromosoma que te haría evolucionar como persona, pero que, por ser incómodo, has ido postergando o saboteando?
- ¿Cuál es tu próxima destreza a aprender que te colocaría en un nuevo nivel de éxito?
- ¿Qué cambio puntual podrías hacerles a tus productos para que fueran mucho más atractivos que los de la competencia?
- ¿Cuáles son los cromosomas de tu emprendimiento que no te has atrevido a abordar?
- ¿Cómo de ducho y humilde eres a la hora de escuchar a todos los involucrados para poder dar con el cromosoma adecuado?
- En el futuro, ¿vas a apostar por incrementar el esfuerzo, o más bien analizar inteligentemente hasta dar con el cromosoma adecuado?

Cuando hablamos de cromosomas no nos referimos a grandes proyectos, sino a aspectos específicos y puntuales cuya implementación generaría resultados asombrosos.

Para un padre pudiera ser el escuchar más a sus hijos; para un jefe, preguntar a sus reportados qué opinan antes de tomar decisiones; para un vendedor, averiguar las necesidades sentidas de sus clientes antes de presentar su producto.

Una cosa es crucial: convertirse en un maestro en el diagnóstico causa-efecto, es decir, nunca dejar de preguntarse cuál es la-causa-de-la-causa-de-la-causa.

El problema (lo que vemos) es una cosa; la causa, otra. En una persona que tiene problemas monetarios puede ser que la raíz de su problema no sea el manejo de sus finanzas, sino el querer aparentar socialmente más por un déficit de autoestima. El problema es financiero; la causa, espiritual. Es una metodología práctica y fascinante. ¿Cuál es tu próximo cromosoma?

EL PODER DE LAS CREENCIAS

La calidad de mis acciones es directamente proporcional a la calidad de mis creencias. Frase lapidaria para cualquier aspecto de nuestras vidas.

Las creencias (*beliefs*) son algo así como nuestro *software* mental.

Podrás tener el mejor ordenador del mundo, pero si el *software* tiene un virus, su desempeño sufrirá y no podrás sacarle el potencial que tiene. De hecho, hasta puede anular las excelentes cualidades de tu ordenador de última generación. Algo similar pasa con las personas: podrás tener una serie de talentos y destrezas, pero si albergas creencias no-útiles, estas podrán contrarrestar tu esfuerzo y hasta anularlo. Son mapas mentales que trabajan en tu contra.

Nuestras creencias, nuestro *software* mental, están grabadas en nuestro disco duro, es decir, en nuestro subconsciente. Por eso en la mayoría de los casos no somos conscientes de ellas.

Veamos la secuencia más completa: nuestros resultados van precedidos de acciones. Nuestras acciones dependen de nuestras decisiones, y nuestras decisiones las tomamos en base a las creencias que alberga nuestra mente (de forma consciente o inconsciente).

Además, cada disciplina tiene sus propias creencias (mapas mentales). Muchas veces una creencia que es útil para un ámbito de la vida puede no serlo en otro. Ejemplo: el mapa de Medellín te servirá para llegar a una dirección en Medellín, pero no para encontrar una dirección en Nueva York. Esto parece simple y obvio; sin embargo muy pocos son suficientemente conscientes de ello.

**Generalmente creemos que las
creencias o las máximas son útiles
para cualquier situación de la vida.
Y, además, que son verdad
por el hecho de que mucha gente las repite.**

La recomendación es que seas consciente de las creencias que alberga tu mente (hasta las más insignificantes) y las ajustes-pulas-cambies-o-tires a la basura si quieres tomar las riendas de tu vida de forma responsable y más protagónica.

Por ello, un extraordinario *modus operandi* es:

- Observa tu mente, tus emociones, tus sentimientos.
- Haz un inventario de tus creencias por escrito poniendo atención especial a tres ámbitos:
  - Amor y relaciones
  - Salud (física, emocional y espiritual)
  - Dinero-prosperidad-abundancia

- Cuestiónate seriamente si cada una de esas creencias, tal cual está formulada, te sigue siendo útil para tu proyecto de vida.

Este ejercicio es muy importante, pues ni siquiera estamos al tanto de las creencias que tenemos. Muchas se instalaron a temprana edad y no somos conscientes de ello. Y hay una máxima incuestionable: las creencias de las que no somos conscientes nos mantienen esclavizados. Es por ello que algunas veces llegamos a conclusiones y decisiones sin saber explicar realmente por qué las hemos tomado. Nuestras creencias inconscientes entraron en acción. Actúan de forma altamente eficiente e inapercibida. Recuerda que aunque el análisis sea racional, toda decisión empieza y termina con una emoción. Y es principalmente ahí donde entran en juego las creencias. Cualquier cosa que no concuerde con nuestras creencias, sencillamente nos da una sensación rara y tendemos a evadirla por muy lógica que nos haya parecido en un proceso de análisis objetivo previo. Nuestra mente, para sentirse cómoda, buscará automáticamente ser congruente y estar en consonancia con nuestras creencias. Por eso la calidad de nuestras creencias es crucial para tomar mejores decisiones en nuestra vida.

**Acuérdate de esta secuencia:
mis acciones dependen de mis decisiones
y estas de la calidad de mis creencias.
¿Quieres mejorar tus acciones?
Antes de crear nuevos hábitos,
empieza a mejorar la calidad de tus creencias.**

¿Y cómo se ha ido llenando nuestro subconsciente de creencias? Sencillo: con la buena voluntad y la valiosa contribución de padres, maestros, la sociedad, las canciones, los proverbios, la sabiduría popular, las religiones y la opinión de personas a las que admiramos o son autoridad para nosotros. Y si, además, asociamos una emoción positiva a esa creencia, ya está hecho: forma parte de nuestro *software* mental.

Ya vimos el embuste que supone lo de que el orden de los factores no altera el producto, frase que todo el mundo termina diciendo y que no es verdad ni siquiera en matemáticas, que no es lo mismo ducharse y secarse que secarse y luego ducharse, que no es lo mismo ponerse protección y hacer el amor que hacer el amor y luego intentar ponerse protección. No es lo mismo.

Te invito a aprender a observar tu mente, escudriñar los rincones insospechados, hacer inventario de tus creencias, analizarlas, desechar algunas y reformular aquellas que concuerden con tu propósito de vida.

Viajarás más ligero y fluirás mejor. Te lo prometo.

TÚ TAMBIÉN ERES CREATIVO

Al preguntar «¿quiénes de ustedes son creativos?» apenas un 50-60 % levanta la mano. Esto lo experimento en diferentes países y empresas.

Culturalmente nos dividieron en creativos y no-creativos. Esta etiquetación nos forja la imagen que tenemos de nosotros mismos.

Todo esto empieza cuando somos pequeños. Si tenemos habilidad para dibujar: «Oye, tú sí eres creativo». El que no dibuja bien se autoetiqueta como «no creativo».

Esta etiquetación es dañina.

En lugar de decirnos «tu habitación está desordenada» nos dicen «eres un desordenado». Etiquetamos. Los sellos que nos pusieron de pequeños pareciera que pasaran a ser parte de nuestra imagen personal.

Otra pregunta que suelo hacer: «Que levante la mano quien haya tenido un tropiezo o fracaso en la vida». Soy el primero que la levanta. Todos levantan la mano. ¿Y son ustedes, por eso, unos fracasados? La gente se tranquiliza y sonríe. No hay por qué etiquetar.

Pero así es como nos educaron: confundiendo a la persona con sus actos. Esa etiquetación es altamente estigmatizante y dañina.

**La etiquetación es el arma de las mentes
que prefieren no procesar la diversidad
y quedarse en una comodidad anestesiada.**

Después de explicar esto pregunto de nuevo: ¿quiénes de ustedes se consideran creativos? El 100 % levanta la mano. Avanzamos.

La creatividad es parte de la naturaleza. Con eso nacemos. Nuestro Creador nos hizo creativos. Nos creó para un mundo cambiante: no hay dos días iguales, ni dos salidas de sol en el mismo lugar. Así es la naturaleza, y nosotros somos parte de ella. Somos creativos por naturaleza.

La creatividad es parte de nuestro ADN. No tenemos que hacer nada por ella. La llevamos dentro. Solo tenemos que dejarla salir.

No es cuestión de esforzarse; es cuestión de dejarla fluir. Pero para dejar fluir debemos ser conscientes de la cantidad de frenos que le hemos puesto.

Para destapar nuestra creatividad propongo 4 pasos básicos:

1. **Toma consciencia de tu creatividad.** No caigamos en el mito de que soy o no soy creativo. «Soy un ser creativo». Repítelo todos los días. Actúa de modo acorde con ello y fórmate para desarrollar tu creatividad.

2. **Descubre tus creencias limitantes.** En general nos educaron para ser obedientes y buenos muchachos. No nos educaron para ser felices, ni para desafiar el *statu quo*.

   Nos han metido una serie de normas y mitos que frenan la creatividad: «Más vale malo conocido que bueno por conocer», «para qué inventar si ya está hecho», «no lo toques, que lo estropeas».

   Observa tu proceso mental y despójate conscientemente de creencias limitantes.

   Recuerda: creencias cuya existencia ignoramos nos mantienen esclavizados.

3. **Estate pendiente de tu lenguaje.** Las palabras crean realidades. Algunos ejemplos:

   «Hemos sufrido muchos cambios». Mi pregunta: «¿Y por qué los sufren, por qué no los disfrutan?».

   Mamá: «Hijito, veo que valió la pena cocinar para ti». Mi pregunta: «¿Y por qué la pena, por qué no el disfrute?».

   Adecúa tu lenguaje. Prográmate pro-creativamente.

4. **Disfruta y practica la irreverencia mental.** Recuerda: la obediencia sin criterio propio es sumisión. La evolución humana ha estado más ligada a la irreverencia mental que a la obediencia.

Uno de los avances de mayor impacto para la humanidad ha sido inventado por un flojo irreverente: la rueda. Si hubiera sido obediente todavía estaría cargando piedras sobre sus hombros.

Para fomentar nuestra creatividad no es que haya que hacer, sino que nos debemos permitir volver a ser, como hemos sido concebidos por nuestro Creador. Debemos despojarnos de creencias limitantes. Atrevernos a ser nosotros mismos. La creatividad fluirá como el elixir de la vida.

Reconócelo: tú también eres creativo.

GENIALIDAD DEL «Y» VS. LA TIRANÍA DEL «O»

Nuestra cultura occidental en general se maneja bajo la tiranía del «o». El que no seamos conscientes de ello es otra cosa.

Ya desde niños nos preguntan: ¿Quieres tarta o helado, carne o pescado? Después, seguimos segmentando nuestras opciones en la escuela: ¿Vas para Ciencias o para Letras? Ni hablar de nuestro deseo de salir el fin de semana: ¿Saldrás de rumba el viernes o el sábado?

Con lo cual desde niños nos siembran una creencia excluyente: o esto o aquello. Esta creencia, una vez registrada en nuestro subconsciente, determina nuestra forma de pensar y ver el mundo.

El «o» es sencillamente excluyente. ¿Por qué nos hacen elegir entre tarta o helado? Por qué no contestamos, ponme, por favor, un pedacito de tarta con helado encima y un poco de chocolate con avellanas que quedó de ayer. Porque nuestra mente ya está programada para el «o»; ya lo ve normal. Así nos venden el mundo. Y si nos atrevemos a insistir o rechistar nos rematan con «es que no se puede tener todo». ¿Y por qué no? ¿Por qué no puedo ser bueno en matemáticas y hablar cuatro idiomas? Nos educan para la exclusión, para la escasez. Y todo pensamiento excluyente es anti-creativo. Pero la naturaleza trabaja con la genialidad del «y», por lo cual nuestro modelo mental del «o» es sencillamente antinatura. Y el precio que pagamos por ello en nuestra vida personal y profesional es muy alto. El «o» conlleva una autocensura. Si una cosa es de estas características no puede ser de otras.

La naturaleza, sin embargo, se rige por el «y»: existe el día porque existe la noche. Existe la sensación de estar sanos porque ya experimentamos lo que significa estar enfermos. El agua es el elemento más suave y benéfico en pequeñas dosis y el más devastador en grandes cantidades. El águila es una de las aves más lentas y elegantes cuando planea, prácticamente inmóvil, y al mismo tiempo la más veloz cuando caza. El puercoespín tiene peligrosas púas en la espalda y al mismo tiempo la piel más suave en la barriga.

La naturaleza es «y», no «o».

Sin embargo, el ser humano, en su afán de ordenar, catalogar y racionalizarlo todo, se empeña en vivir bajo la tiranía del «o».

Cuántos proverbios hay que justifican el «o». Por ejemplo: «Suerte en el juego, desdicha en el amor». Fíjese que cuando en sociedad hablamos de alguien que ha tenido mucho éxito en los negocios, no falta quien añada, «pero si vieras su vida familiar...». Y cuando hacemos referencia a alguien «muy espiritual», no hay quien no añada, «seguro que maneja mal sus finanzas».

Los genios de la historia han sido «y». Los grandes artistas como Leonardo Da Vinci se ocuparon de lo material y lo inmaterial, lo estético y las máquinas, las artes y las ciencias. Y es que en la naturaleza no hay división. Lo material y lo inmaterial son caras de una misma moneda.

Cuando en las empresas y en nuestras vidas comencemos a integrar la genialidad del «y», empezaremos a potenciar la creatividad, pues no estaremos eliminando opciones, no estaremos excluyendo, sino incluyendo.

¿Por qué no nos planteamos ser altamente rentables y éticos al mismo tiempo? ¿Por qué no nos proponemos vivir una vida saludable en lo material e inspiradora en lo espiritual? ¿Por qué no combinar una alta productividad con buen humor y calor humano? ¿Por qué no tener una vida familiar extraordinaria combinada con una actividad profesional altamente exitosa?

Por qué seguimos sucumbiendo a lo de «prefiero ser pobre y sano que rico y enfermo», «pobre, pero honrado». Pues es mucho mejor ser rico, sano y ético.

Repito: el «o» excluye, el «y» incluye. La naturaleza es «y». Inspírese en la naturaleza.

Todo proceso creativo empieza por derrumbar la autocensura mental y buscar nuevas conexiones incluyentes. Por ejemplo, el teléfono móvil es teléfono y calculadora y grabadora y filmadora, y un montón de cosas más.

Si usted desea fomentar la creatividad y la innovación en su empresa empiece por sembrar el «y» en lugar del «o».

Hay muy pocas cosas en el mundo que son «o». Las hay. Una de ellas es cuando una madre pregunta: «Hija, se dice por ahí que estás embarazada, ¿es verdad?». «Un poquitico, mamá». Se está o no se está. Un «o» clásico, ahí no cabe duda.

Seamos creativos y rentables, y buena gente y excelentes profesionales, y muy humanos y estrictos con lo «no-negociable», y de profundidad espiritual.

Para ser más creativos e innovadores seamos más inclusivos. La vida es mucho más sabrosa y creativa con la filosofía del «y».

Construyamos emprendimientos y empresas altamente rentables y humanas, y respetuosas con el medioambiente.

Es «y», no «o».

IMPLEMENTACIÓN

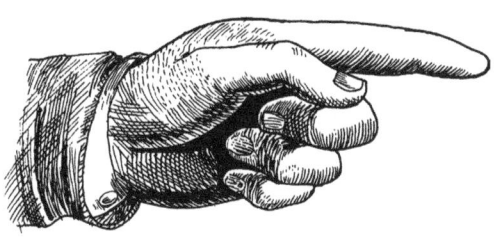

CONSÍGUETE TU WALTER

Todo el mundo debería tener su Walter.

Si todavía no tienes uno, sal y consíguelo. Gracias a Walter he logrado trotar disciplinadamente unos 8 kms en los bosques de Erlangen (Alemania) a 15 grados bajo cero. Gracias a Walter me discipliné y terminé mi tesis. Gracias a Walter pasé mis exámenes con mejor nota. Gracias a Walter se me pegó algo de la disciplina teutona. Y es que todos deberíamos tener nuestro Walter. Y no solo uno.

Empecé corriendo 4 kms en otoño al inicio del semestre. Temperatura fresca, que bajaba cada día un poco. Cuando desciende de 18 a 16 grados hasta le hace bien a uno; no se suda tanto y el trayecto se hace más llevadero.

Pero de pronto llega a cero y a dos grados bajo cero. Con nieve en las calles, un buen café con leche y estando en una habitación con calefacción, ¿a qué loco se le ocurriría ir a correr?

A Walter.

Y es que Walter es implacable.

Hice amistad con Walter al ingresar en la Universidad. Un día me pregunta: «Voy a correr 4 veces a la semana, ¿quieres venir conmigo?». Claro que sí.

Ahí empecé a entender la mentalidad y el éxito de la constancia alemana: un sí es un sí, tanto a 18 grados como a varios grados bajo cero.

No es como en el mundo latino, donde el sí del lunes puede ser un no el martes. Iniciamos algo con entusiasmo y después tenemos una gran capacidad para dejarlo a medias.

Como le dije «sí, con gusto voy con ustedes a correr», exactamente eso es lo que registró mi amigo Walter.

Lo más duro fue una mañana de febrero. Todavía a oscuras, mi amigo toca corneta debajo de mi ventana: «Te estamos esperando». Miro la ventana cubierta con escarcha de hielo a pesar de la calefacción. El termómetro marca quince bajo cero. Y Walter esperando.

Allí es donde empecé a entender ciertos fragmentos del milagro alemán: la constancia, cosa que tanto nos fastidia a los oriundos de geografías más cálidas.

Un sí es un sí, tanto si hace sol como si llueve. Para el disciplinado no hay mal tiempo, solo ropa inadecuada. Con el compromiso que adquirí tuve que sobreponerme a mi flojera invernal y salir a trotar.

Agradezco esta lección a Walter. Eternamente. Nuestros países serían distintos si hiciéramos las cosas bien siempre. Porque no se trata de hacer grandes esfuerzos, ni cosas extraordinarias. Se trata de hacer cosas ordinarias extraordinariamente bien.

Tenemos que convertir lo extraordinario en ordinario y hacerlo bien. Cada día. Cada quien desde su área de acción.

¿Cómo serían nuestros países si nadie tirara un papel, ni una colilla al suelo? ¿Cómo sería nuestro medioambiente si cada quien hiciera uso consciente del agua y los recursos? ¿Cómo sería la calidad de nuestros servicios si cumpliéramos todo lo que prometemos? ¿Cómo sería la confianza entre nosotros si nadie levantase falsas expectativas? ¿Cómo serían las finanzas de nuestros países si cada quien hubiera hecho bien su tarea? Lo que más valoro de Walter es que logró ser parte de mí sin estar presente. Hoy, físicamente, Walter vive en el norte de Alemania con su esposa Ingrid, pero le sigo teniendo a mi lado.

Amigo lector, si todavía no tienes un Walter, consíguete uno. Y pídele que en aquello que deseas lograr sea implacable. Hacerlo solo es duro y es fácil sucumbir a la comodidad.

Recuerda que el avance no es cuestión de hacer esfuerzos extraordinarios, sino de hacer cosas ordinarias extraordinariamente bien, consistentemente. Hasta que se vuelvan un hábito.

Gracias, amigo Walter.

FUNDA TU PROPIO CEM

Estamos afrontando un año muy retador. Y no digo el año, pues esta frase es aplicable a todos los años. Elija el año y póngaselo.

Nuestro mundo se está volviendo cada día más complejo, más cambiante y más imprevisible. Y en tales circunstancias, de nuestro éxito empresarial dependen los ingresos de muchas familias: empleados, clientes, proveedores y socios. La pregunta es: ¿de dónde sacamos los conocimientos y experiencias necesarios para abordar estos retos? Honestamente, muchas casas de estudio no están totalmente al día con su *pensum*. Y algunos libros, mientras se imprimen y publican, pierden actualidad y vigencia. Por eso recomiendo que fundes tu propio CEM. Veamos qué es:

CEM = Círculo de Enriquecimiento Mutuo

Podemos movernos en nuestra zona de vulnerabilidad y compartir nuestros aciertos y cualquiera puede fundar un CEM. Para ello se necesitan 3 cosas:

- Iniciativa decisiva.
- Un grupo de personas que tengan los mismos problemas o inquietudes.
- Encontrar un tema central aglutinador.

En estos momentos soy integrante de tres CEM, y los tres están en países distintos. La frecuencia de las reuniones es flexible. En uno de los CEM, por ejemplo, nos reunimos una vez al año. Es nuestra cumbre internacional de tres consultores.

El CEM tiene una sola condición y una sola regla, ambas importantísimas e inviolables:

- **Condición: confianza.** Debe haber un altísimo nivel de confianza entre los integrantes. Es decir, solo entra gente de buen rollo. Solo con confianza es que podemos develar nuestra zona de vulnerabilidad y compartir así aciertos y errores. De eso se trata el CEM: de aprender mutuamente de nuestras experiencias. Abiertamente. Para enriquecernos mutuamente debemos poder compartir nuestras experiencias con total franqueza. No compartimos teorías, sino experiencias (aciertos y errores).

- **Regla: una sola, prohibido discutir.** No-negociable. Es decir, está prohibido sucumbir a la necesidad de querer tener razón. El CEM no es un foro para demostrar nada, ni para tener razón. La razón la tienen los resultados. Uno pone sus resultados sobre la mesa (tanto los buenos como los malos) y cada quien se sirve a su antojo. No se trata de querer tener razón; se trata de aprender de las experiencias ajenas.

Durante un tiempo tuve un CEM de gerentes generales. Eran tiempos de alta incertidumbre. Un colega confesó que le era dificilísimo hacer proyecciones y escenarios. Igualmente confesó que contrató la ayuda de un clarividente (brujo profesional).

En círculos académicos tradicionales lo habrían excomulgado. Pero, viendo el éxito que tuvo con su empresa, varios de los presentes sencillamente le dijimos: «¿Me puedes facilitar el teléfono de tu brujo?». Eso es el CEM.

Gracias al CEM varios de mis clientes están beneficiándose de las maravillas de la grafología para una mejor selección de personal.

Repito, en el CEM no tengo que demostrar nada. Sencillamente comparto lo que me ha funcionado y lo que no. Los demás tienen la libertad de aprender y copiar el camino transitado. Todos salen ganando. Todos volcados a ayudarse mutuamente.

Puedes fundar un CEM para lo que sea. Varios CEM que sugiero para abordar los problemas actuales:

- Responsables de la gestión de lo humano (RRHH).
- Socios y dueños de empresas familiares.
- Profesionales por cuenta propia, como abogados, consultores, *coaches*.
- Gerentes generales.
- Interesados en prosperidad financiera personal (inversiones).

No se trata de hacer algo normativa o académicamente correcto; se trata de intercambiar experiencias sobre la marcha para abordar desafíos que todavía no llegan a las casas de estudios, ni a los libros.

Para un CEM ágil un buen número es entre 4 y 6 integrantes. Duración: unos 60 a 90 minutos por sesión. La frecuencia la establece el equipo.

Actualmente participo en varios CEM de prosperidad y finanzas personales. Uno es muy peculiar: nos reunimos por zoom, un joven de 25 años desde Budapest, 2 jóvenes de la misma edad desde París, 3 más seniors desde Medellín y 2 desde Buenos Aires. Nos une el deseo de prosperar. Es una maravilla.

3 *tips* importantes:

- Rescata la humildad como valor y muéstrate vulnerable, comparte abiertamente.
- No rechaces nada por no coincidir con tu educación tradicional, piénsalo.
- Agradece y ayuda.

A fin de cuentas, si el brujo o el grafólogo le han funcionado a tu colega, ¿por qué no pedirles su teléfono?

Muchas gracias por haber comprado el libro y por leerme.

AGRADECIMIENTOS

Gracias a mis ancestros, de los que he heredado mis dones, a mis padres, hermanos, maestros, colegas, amigos y alumnos. He aprendido de todos vosotros. Gracias infinitas. ¡Gracias!

Agradecimientos especiales para Alfredo Keller, Aurora Herráiz, Carlos Sánchez, Carlos Subero, Claudio Nazoa, Diana Venjakob, Dra. Maryolga Girán, Eddy Molina, Jaime Homar, Jordi Garriga, Marcel Antonorsi, Marco Táboas, Dr. Mateo Lesizza, Rafael Goberna y Stephan Kaiser por revisar algunos textos y, sobre todo, por la franqueza de sus opiniones, que me han ayudado mucho a completar y pulir innumerables aspectos lingüísticos y de contenido. Vuestro criterio y franqueza valen oro.

KOLIMA
BOOKS